Dirk Faß
Sagen aus dem Landkreis Oldenburg

W0271204

Dirk Faß

Sagen aus dem Landkreis Oldenburg

ISENSEE VERLAG
OLDENBURG

Gefördert durch

Gemeinde Dötlingen
Gemeinde Ganderkesee
Gemeinde Großenkneten
Samtgemeinde Harpstedt
Gemeinde Hatten
Gemeinde Hude
Gemeinde Wardenburg
Stadt Wildeshausen

Die Deutsche Bibliothek - CIP-Einheitsaufnahme

Sagen aus dem Landkreis Oldenburg / Dirk Faß. -
Oldenburg : Isensee, 2001
ISBN 3-89598-820-0

© 2001 Isensee Verlag, Haarenstraße 20, 26122 Oldenburg - Alle Rechte vorbehalten
Gedruckt bei Isensee in Oldenburg

Inhaltsverzeichnis

Gemeinde Dötlingen

Die Gruselwette

Eine Tochter vom Tabkenhof in Dötlingen hatte einmal mit der Pastorentochter eine Wette geschlossen. Jede von ihnen wollte bei Mondschein zu einem verrufenen Ort gehen, wo man Gespenstern begegnete und das Gruseln lernte. Hinterher wollten sie sich ihre Erlebnisse erzählen und dann entscheiden, wer die Wette gewonnen habe. Tabkens Tochter wollte bis zum Wildeshauser Galgen auf dem Stöckenkamp gehen; die andere wollte in entgegengesetzter Richtung nach Geveshauser Ohe zum Hexenstein wandern. Und so geschah es denn auch.

In der Johannisnacht bei Vollmondschein machten die beiden Mädchen sich auf den Weg. Die Pastorentochter wunderte sich, daß es in den Kronen der Birken und Ebereschen in einem fort knackte und kicherte. Mit einmal wurde es lebendig. Von jedem Baum stieg eine junge Hexe herunter, es waren ihrer wohl sieben bis zwölf, die klemmten sich einen Besen oder eine Heuforke zwischen die Schenkel und brausten mit Hui–Geschrei auf und davon. Einige Gesichter kamen ihr bekannt vor. Gleich danach hörte sie hinter sich ein Schnauben und Miauen. Da sauste in vollem Galopp ein Ziegenbock an ihr vorbei, darauf saß verkehrt herum eine alte Hexe, die sich am Schwanz des Ziegenbocks festhielt. Hinter ihr folgten noch drei oder vier schwarze Katzen, von jüngeren Hexen geritten.

Die Tochter des Pastoren ging unbeirrt weiter. Als sie sich dem Hexenstein näherte, sah sie dort ein Licht brennen und hörte Musik und Gesang. Auf der großen Steinplatte saß eine alte Frau am Spinnrad; es war dieselbe, die soeben auf dem Ziegenbock vorbeigeritten war. Neben dem Stein flackerte ein lustiges Feuer, darüber stand ein Dreifuß mit einem Kessel. Einige junge Hexen warfen Birkenschößlinge, Holunder- und Vogelbeerblüten hinein, während die älteren Hexen tanzten, sangen und schmausten. Neugierig trat die Pastorentochter hinter einen Ginsterbusch, um den Hexensabbat zu belauschen. Sie war ziemlich überrascht, als sie einige Frauen aus Dötlingen in den Gesichtszügen der Hexen erkannte.

Plötzlich sagte eine Hexe: „Hier sind zwei Augen zuviel, wir müssen noch weiter, und ich habe Durst auf Wein.“ Sogleich zog sie ein Salbentöpfchen hervor und schmierte sich Salbe unter die Arme. Die anderen Hexen machten es ihr nach. Dann stand die älteste Hexe vom Spinnrad auf, gab ein Zeichen, und alle sprachen zugleich.

Öwer Busch, öwer Bom
öwer Water, öwer Strom,
na Bremen to, ahne Strümp und Schoh.
Fleeg fell und feller
na'n Bremer Wienkeller.

Mit lautem Hallo und Hoho verschwand die ganze Hexengesellschaft in kurzer Zeit. Da bekam die Pastorentochter Mut, es ihnen nachzumachen, und schmierte sich mit einem Salbenrest ein. Aber sie versah sich mit dem Zauberspruch und sagte:

Dör Busch und dör Bom
dör Water und Strom,
mit Strump und mit Schoh
na Dötlingen to.

Da ging es los auf Biegen und Brechen. Sie wurde über die Heide geschleift, dann durch Heckenrosen und Ginstergestrüpp, durch Fuhren und Birken, daß ihr Hören und Sehen verging. Plötzlich wurde sie durch die Hunte gezogen und am anderen Ufer hoch, dann wieder zurück über die Hunte bis zum Pastoreingarten. Da schlug die Kirchturmuhr eins, und sie blieb halbtot vor der Haustür liegen. Mit blutigen Armen und Beinen und zerrissenen Kleidern schlich sie am hellen Morgen ins Haus und stellte sich den ganzen Tag krank.
Tabkens Tochter hatte sich mit einem Beil in der Hand nach Wildeshausen begeben. Als sie auf dem Stöckenkamp ankam, sah sie im Mondlicht den Galgen aufragen. Daran hing ein Pferdedieb. Mit klopfendem Herzen schritt sie auf den Galgen zu, um einen Holzspan zum Zeichen ihrer Anwesenheit abzuschlagen. Da fing der Pferdedieb an zu sprechen.

Wes nich bange, dat ick hier hange.
Nu will ick ok starven,
du schast mi bearven.
De wittbunte Schimmel,
de helpt mi in'n Himmel.

Hinter dem Galgen kam langsam ein weißbuntes Pferd herangestapft und wieherte ihr freundlich entgegen. Da verlor sie alle Angst, ging auf das Pferd zu und nahm es am Halfter. Ohne Widerstreben folgte es der Tabkentochter willig heimwärts nach Dötlingen und ließ sich in den Pferdestall führen. Am anderen Morgen musterte der Bauer das Tier scharf und wollte es als gefunden melden. Seine Tochter aber sagte, es sei ihr zu Recht geschenkt, und so blieb es auf dem Tabkenhof. Es hatte eine zahlreiche Nachzucht, aber alle Fohlen waren sonderbarerweise immer wieder von seltener weißbunter Farbe.
Die beiden Mädchen erzählten sich alles, was sie erlebt hatten. Wer von beiden die Gruselwette gewonnen hat, ist nicht entschieden worden. Aber eins ist gewiß, daß sie nie wieder Verlangen spürten, im Mondschein mit Gespenstern Bekanntschaft zu machen.

Buche an den Rittrumer Bergen

Der Schuster und die Zwerge

In früheren Zeiten, als noch überall im Lande kleines Volk siedelte, diente auch das Hunteufer bei Colnrade einem Zwergenvolke als Wohnsitz. Damals trat der Wald noch dicht an den Fluß heran, und in dem abgelegenen stillen Winkel trieben Erdmännlein ungestört ihr Wesen. Als aber der Wald gerodet wurde und die Menschen sich dort ansiedelten und endlich gar ein Dorf entstand, zogen sie sich vor dem lauten Wesen der Menschen immer mehr zurück und ließen sich nur selten bei Tage über der Erde blicken. Ganz besonders war ihnen das laute Lachen zuwider, das den Menschen in dortiger Gegend noch heute eigentümlich ist.
Nun saß in jener Zeit eines Sonntags ein Schuster an der Hunte und angelte. Als er unverwandten Blicks auf den Schwimmkork achtete und seine Gedanken auf Urlaub weilten, hörte er plötzlich ein Geräusch in der Nähe. Bald bemerkte er ein winziges Männlein, das einen schweren Sack am Boden schleifte und damit einem Erdloch zusteuerte. Eine Weile schaute der Angler diesem Beginnen zu. Dann klatschte er plötzlich laut mit der Hand aufs Knie. Vor Schreck ließ der Wichtelmann den Sack fallen, stolperte über eine Baumwurzel und schoß kopfüber ins Loch. Der Schuster lachte aus vollem Halse, trat hinzu und band den Sack auf. Wie staunte er aber, als er einen Hecht mit goldenen Schuppen darin fand. Hocherfreut warf er den Sack auf die Schulter und tug ihn heim.
Im Dorf prahlte der Schuster von dem goldenen Fisch, den er im Sack habe. Neugierig eilten die Leute herbei, um das Wundertier zu sehen. Da band er den Sack auf

und zog seinen Schatz hervor. Aber lautes Gelächter erschallte, als statt des Fisches ein zerrissener Stiefel ans Licht kam. Wütend warf der Schuster den Stiefel fort und sann auf Rache.
Nach einigen Tagen ging er wieder hinab an die Hunte. Den Sack nahm er mit und legt ihn einen Schritt von dem Erdloch, in welchem der Zwerg verschwunden war, auf die Erde. Den Boden zwischen Sack und Loch aber bestrich er dick mit Pech. Dann setzte er sich hinter einen Baumstamm auf die Lauer.
Richtig, bald kam der Zwerg, um den Sack zu holen. O weh! Da klebt er am Pech und konnte nicht los. Der Wichtelmann schrie und flehte um seine Freiheit. Der Schuster aber krümmte sich vor Lachen, und die Dorfbewohner liefen herzu und lachten mit und weideten sich am Unglück des kleinen Mannes. Endlich kam das Männlein frei, es raffte den Sack und verschwand im Loch.
Durch diesen Streich war den Erdmännlein die Gegend so verleidet worden, daß sie beschlossen, auszuwandern. Sie stahlen sämtliche Holzschuhe im Dorfe, benutzten sie als Kähne und fuhren in einer hellen Mondnacht hunteabwärts davon.
Der Nachtwächter in Wildeshausen machte große Augen, als er in jener Nacht die lange Reihe winziger Fahrzeuge auf der Hunte herangleiten sah. Anfangs glaubte er, ein Zug Ratten schwimme im Wasser. Schon hob er einen Stein, um nach den Tieren zu werfen. Aber ängstliches Wimmern und Wehklagen verriet ihm, daß kleines Volk auf der Reise war. Da ließ er den Zug ungefährdet vorbei.
Das Wichtelvolk bezog unterhalb Dötlingens einige Hügel nahe dem Ufer. Dort hauste es still und unbemerkt und brachte unermeßliche Schätze zusammen. Jene Hügel heißen seitdem die Goldberge.
Nach Colnrade sind die Zwerge nicht wieder gekommen. Aber noch viele Menschenalter hindurch erschien alljährlich in der Johannisnacht bei Denghausen an der Hunte ein Erdmännlein. Das erkundigte sich regelmäßig, ob gegenüber in Colnrade noch Schuster wohnten. Nach erhaltener Auskunft fuhr es dann in einem Holzschuh stromabwärts davon, nicht ohne zuvor eine wertvolle Goldmünze ans Ufer zu werfen.
An dem Hunteufer bei Colnrade aber haftet seit dem Fortziehen des kleinen Volkes das Verhängnis, daß bei heftigen Regengüssen Sandmassen sich loslösen und auf die Wiesen treiben, wodurch den Leuten manche saure und ärgerliche Arbeit erwächst. Und das wird bleiben, solange in Colnrade noch Schuster wohnen.

Das untergegangene Dorf Norddötlingen

Zwischen Dötlingen, Rittrum und Nuttel, wo noch vor nicht langer Zeit nichts als Heide mit Wacholder und Brahm (Ginster) zu finden war, soll, wie die Sage meldet, im 14. Jahrhundert Norddötlingen gestanden haben. Alte Ackerfurchen liefen genau parallel durch die Heide. Hier und dort fanden sich Vierecke von Findlingen, auf denen offensichtlich Häuser gestanden hatten, daneben zerfallene Backofenhöhlen, umwuchert von Dornengestrüpp. Von diesem Dorfe weiß die Sage eine erschütternde Mär von Streit und Tod und Untergang.
Dem Bauern Cord von Norddötlingen wurden eines Tages Zwillinge geboren. Die Mutter starb gleich nach der Geburt. In der Aufregung dieser Stunde vergaßen die

Helferinnen, sich den Erstgeborenen der beiden Knaben zu merken, und als sie beide in der großen hölzernen Wiege lagen, da fing der Streit um sie an. Auch der Vater konnte nicht seinen Ältesten bestimmen, er hatte in seiner Trauer und Bestürzung um den Tod seiner Ehefrau nicht auf die Kinder geachtet. Es wurde um die beiden kleinen Kerle weiter geredet und gestritten, aber keine Meinung siegte.
Mit den Jahren verlor sich die Ähnlichkeit der Knaben, die anfangs groß gewesen war, immer mehr. Wilke war still und nachdenklich, Wessel aber stur und herrisch. Wilke gab vor Wessel meist nach, und Wessel schlug die dörflichen Spielgenossen, wenn sie Wilke schlugen.

Eines Abends im Winter, als draußen der Schnee wirbelte, saßen sie bei der alten Magd, die sie seit ihrer Geburt betreut hatte, am lodernden Herdfeuer. Die Magd spann und erzählte Geschichten von Räubern und Hexen, wie sie unter den Leuten umliefen. „Erzähle uns von unserer Mutter", bat Wilke plötzlich. Da erzählte die Alte, wie schön und stattlich ihre Mutter gewesen und wie klug und sorgsam, und wie sie so jung und frisch habe aus der Zeit gehen müssen.
Wilke saß regungslos, während die Magd erzählte, aber dann sagte er: „Hilke hör, wenn wir auch Zwillinge sind, so muß doch einer zuerst dagewesen sein. Wer von uns beiden ist es?"
Die Magd ließ vor Schreck das Spinnrad stille stehen: „Wer erzählt euch Kindern solche Dinge?" Als die Knaben still blieben, seufzte sie: „Oh, diese unklugen Menschen! Laßt euch nicht verwirren, hört ihr. Niemand weiß das und damit gut." Ob wirklich nun alles gut war? Beide Knaben vergaßen diese Unterredung nie.
Als sie herangewachsen waren, war Wessel der Beste im Reiten und Ringen, Laufen und Werfen, aber Wilke konnte seine Worte setzen wie keiner, und er neckte die Mädchen in Knittelreimen, wenn das Jungvolk unter der Dorflinde saß. Nur im Bogenschießen gaben die Brüder einander nichts nach. Leider liebten sie auch dassgleiche Mädchen. Elske hieß sie, und sie horchte gern auf die lustigen Reden Wilkes, bewunderte aber auch Wessels Gewandtheit.
Es kam das Jahr des Herrn 1349. Ein Würgeengel schlug ganz Europa, hieß der schwarze Tod. Eines Tages kam ein Landstreicher nach Norddötlingen. In der Kate, wo der Strolch genächtigt hatte, fing es an, und in kurzer Zeit war die Pest in allen Häusern. Kinder und Greise, junge Leute, Väter und Mütter, eben noch frisch und gesund, starben qualvoll und verlassen. Um 18 Feuerstellen ward es totenstill. Aber seltsam: Wilke und Wessel blieben gesund, flohen auch nicht vor dem Grauen, wie es mehrere Dorfleute taten. Sie halfen dem Pastor von Dötlingen, die Toten zu begraben, gingen in die Ställe und jagten das Vieh ins Freie, schlossen die Häuser ab und legten sich selbst im Felde schlafen.
Wochenlang durchstreiften sie mit dem ungebundenen Vieh die Gegend. Dann kamen sie allmählich wieder auf andere Gedanken. Sie gingen zum Dorf, fanden es völlig leer, und wenn sie wollten, konnten sie nun davon Besitz ergreifen. Zuerst müßte dann also der Älteste sein Erbteil nehmen, den väterlichen Hof und was ihm sonst noch zukam. Und dann – wer die Elske bekam, würde immer doch der Reichste werden; denn sie brachte ihr Erbe mit. Sie verstummten voreinander. „Soll der Pastor uns

helfen, daß wir mit allem zurechtkommen?" sagte endlich der kluge Wilke. „Ach was, Pastor", entgegnete Wessel. „Wir müssen jetzt endlich ausmachen, wer von uns als Ältester gelten soll. Los, wir wollen nach der Föhre drüben schießen. Wer am besten mitten in den Stamm trifft, der soll es sein." Wilke stimmte zu, und sie schossen ihre Pfeile ab. Sie saßen beide mitten im Stamm. „Gleich gut gezielt", rief Wessel und war einige Augenblicke ratlos. Da flog eine Schar Krähen über sie hin. „Halt, wer eine im Fluge schießt, soll Sieger sein", rief Wessel wiederum. Zwei Pfeile flitzten vom Bogen, zwei Krähen taumelten getroffen aus der Luft.
„Laßt es uns mit Losen versuchen", riet Wilke. Er holte eine Gerte aus dem Busch, machte daraus zwei ungleiche Stäbe und steckte sie hinter Wessels Rücken in die Erde, daß sie gleich weit herausstanden. Wessel zog den kürzeren. „Ich bin also der Älteste", sagte Wilke ruhig, „und bekomme Vaters Hof vorab." Wessel wurde rot bis in die Haarwurzeln. Er schrie: „Nimm du Vaters Hof vorab, tu das, aber weißt Du, ich bekomme Elske mit allem, was sie hat!" Wessel stand da wie zum Totschlagen bereit, und Wilke wurde blaß und still. Ohne noch ein Wort zu sagen, ging er dem Dorfe zu. Mitternacht rötete ein mächtiger Feuerschein den Himmel. Ganz Norddötlingen brannte lichterloh. Knistern und Krachen und sausende Flammen. Sonst kein Laut. So ging das Dorf gänzlich unbeachtet zugrunde. Als der Tag erschien, war Wilke weit fort in die Fremde gegangen. Als Elske das hörte, weinte sie sich die Augen aus, und als Wessel das sah, verlor er allen Mut. Auch er verließ die Heimat und wurde Landsknecht beim Grafen von Tecklenburg.
Dann wuchs Heide über die Vergangenheit. Heute wehen Ähren im Sommerwind über Norddötlingens Grab.

Der Wunderdoktor

Der bekannte Wunderdoktor St. im Kirchspiel Dötlingen gab dem Hilfe suchenden Kranken ein Stückchen Holz, mit welchem der kranke Teil berührt oder gesprickelt werden mußte, bis Blut an dem Hölzchen war. Dann steckte der Doktor das Holz zu sich, die Krankheit verschwand, und blieb so lange weg, wie der Doktor das Hölzchen bei sich trug. Die im Hölzchen steckende Krankheit wurde anscheinend durch die im Doktor steckende Heilkraft bezwungen, solange die Berührung dauerte. Ein Arbeiter, der den Wunderdoktor gebraucht hatte, erzählte etwas anderes: „Beim Holzfällen im Stühe erhielt ich einen starken Axthieb ins Bein, und das Blut wollte sich gar nicht stillen lassen. Wider meinen Willen brachte man mich zu St. Dieser schnitt ein Zweigendchen von einer Haselstaude ab, fuhr damit über die Wunde und ging damit in die Stube. Dann kam er wieder und steckte mir das Stück Holz eingewickelt in die Tasche: ich solle es nicht eher wieder von mir lassen, als bis die Wunde geheilt sei. Das Bluten hörte sogleich auf. Nach einigen Tagen aber bekam ich fürchterliche Schmerzen, und als ich nun nach dem Stückchen Holz sah, war es verschwunden. Ich konnte die Schmerzen zuletzt nicht mehr aushalten und ließ mich zu St. fahren. Erst schalt St. tüchtig und wollte nichts wieder mit mir zu tun haben. Endlich aber, nach langen Bitten, wiederholte er die Kur, blieb diesmal aber länger allein. Nun hörten die Schmerzen auf, und die Wunde heilte bald."

Der zerbrochene Arm

Ein Mann aus Brettorf kehrte am späten Abend von einer Reise zurück und fand um sein Haus eine große Menge Katzen versammelt, die unter höllischem Lärme ihm den Eingang in das Haus zu verwehren suchten und ihm zornig zu Leibe gingen. In seiner Not warf er einen schweren Stein unter sie, welcher der zudringlichsten das rechte Vorderbein zerbrach. Die anderen Katzen schleppten die verwundete fort, und der Mann kam glücklich ins Haus, traf aber seine Frau nicht an.
Als er am anderen Morgen nach ihr fragte, bekam er die Antwort, sie habe in der vergangenen Nacht in der Gesellschaft von Freundinnen durch einen unglücklichen Zufall ihren rechten Arm zerbrochen. Er ging zu ihr und fand es so, wie ihm gesagt war, aber er wußte nun auch, wer die Katze gewesen war, die er mit dem Steine getroffen.

De brede Steen

Auf den Gründen des Joh. Lüschen zu Geveshauser Ohe liegt ein großer platter Stein, „de brede Steen“ genannt. Er ist so groß, „dat man woll Kadrillje darup danssen kunn“. Auf dem Steine befinden sich sieben Grübchen, von denen drei sehr gut, vier minder gut zu sehen sind. Früher soll auf dem Steine eine Frau gesponnen haben, und von den drei Beinen des Spinnrades und den vier Beinen des Stuhles sollen die Löcher entstanden sein. Andere sagen, unter dem Steine hätten früher Erdmännchen gehaust, und die Grübchen im Steine hätten ihnen als Eßschüsselchen gedient.

Der Hexenstein

Inschrift am Hasen Ahlers Denkmal

Hasen–Hinnerk

Hasen-Ahlers oder Hasen-Hinnerk, sein richtiger Name ist Hinrich Ahlers, wurde nach dem Taufregister Nr. 53 der Dötlinger Kirchengemeinde am 14. Oktober 1831 geboren und am 30. Oktober getauft. Seine Eltern sind Hinrich Ahlers, Brinksitzer zum Klattenhof und Anna Margareta geb. von Immer. Als Paten standen bei der Taufe bei: Hinr. Musegaes, Joh. Hinr. Höfel, Cathrina Poppe und Cathr. Margarethe Ahlers. Auf dem stattlichen Hof des Bauern Abel zu Klattenhoff stand also die Wiege des Hasen-Ahlers.
Er verlebte seine Jugend wie alle anderen Jungen vom Lande. Als er heranreifte und sich eine Herzensdame auserkor, sollen ihm angeblich seine Eltern einen Strich durch die Rechnung gemacht haben. Sie sollen in die Heirat mit einem mittellosen Mädchen nicht eingewilligt haben, so meint man. Der Kummer fraß an dem Herzen des jungen Ahlers. Er verließ das Elternhaus und begab sich in den nahegelegenen Stühe, wo ihm die Hütten und Schafställe Asyl gaben. Von der Jagd und dem Wildfang mußte er sich ernähren.
Er beachtete kaum die Gesetze der menschlichen Gesellschaft, bezahlte keine Heuer und keine Steuer. Mit einem Wagen fuhr der fast zwei Meter große Naturmensch von Delmenhorst nach Bremen, um dort Rundholz für das Feueranmachen und außerdem Hasen zu verkaufen. So kam es, daß er bald im Volk allgemein Hasen-Ahlers oder Hasen-Hinnerk genannt wurde. Man erzählte sich von ihm, daß der

Hüne mit seinen beiden Fäusten auf einen Schlag ein Pferd niederschlagen konnte und daß seine breiten Schultern Zweizentnersäcke stundenlang tragen konnten. Nahm er irgendwo eine Arbeit für eine gewisse Zeit an, so soll er für drei gearbeitet und für fünf gegessen haben. Der kräftige Naturmensch war von Herzen gut, er tat keinem Menschen ein Leid an. Nur die Polizei war mit seiner Wilddieberei nicht einverstanden, zumal er ein ausgezeichneter Schütze war und mit seiner Flinte Hasen in großer Zahl abknallte. So kam es, daß er hin und wieder Bekanntschaft mit dem Gefängnis in Vechta machte. Als ihn hier eines Tages ein hoher Beamter aufsuchte und Hinnerk zum Aufstehen aufgefordert wurde, blieb er auf der Bettkante sitzen und sagte: „Ick bünn hier ton Sitten un nich ton Upstan verdonnert!“ Stolz sagte er von sich: „Ick hew 39 mal säten und eenmal stahn!“ Schwierig war es immer für ihn, nach dem „Aufenthalt“ in Vechta eine neue Flinte zu besorgen. Nicht so schwer soll es für ihn gewesen sein, für den Großherzog oder für einen Tabakgroßhändler aus Bremen einen kapitalen Bock auszumachen.

Man hat viele Geschichten um Hasen-Ahlers gesponnen, ob sie immer wahr gewesen sind, mag dahingestellt sein. In eine fatale Lage geriet er, als ihn das Volk für Geld und Branntwein zur Schau stellte. Beim Waldcafé Stühe kamen die Delmenhorster, Bremer, Wildeshauser u. a. zusammen, Hasen-Ahlers zu sehen. Er hatte sich für die Schau zurechtgemacht. Ein Strohhut war die Zierde seines Hauptes, Jacke und Hose waren aus lauter Flicken zusammengesetzt, und seine Füße steckten in großen Holzschuhen. Sein Püster und eine Ziege spielten bei dieser Vorstellung ebenfalls eine Rolle. Der Zulauf von Schaulustigen wurde immer größer, erst recht, als zum Ende des 19. Jahrhundert die Eisenbahn von Delmenhorst nach Wildeshausen fertiggestellt worden war. Hasen-Ahlers machte diesen „Zirkus“ mit, weil die Not ihn dazu trieb. Der Höhepunkt der Schaustellung war erreicht, wenn Hinnerk sein Lied sang: „Kennt ihr den Hasen-Ahlers in Goliaths Gestalt? Er ist zwar nicht von Adel, doch hat er viel Gewalt!“ Sechs Verse hat dieses Lied, das ihm ein Mitglied des Delmenhorster Kreisblattes gedichtet hatte.

Im Alter freute er sich, wenn er während der kalten Wintermonate im Delmenhorster Krankenhaus Aufnahme fand. Als man ihn hier eines Tages badete, soll er sanft entschlafen sein, wie es heißt! (De smärige Hunt kunn dat reine Water nich verdrägen.) Nach einer anderen Aufzeichnung soll er in einem kleinen Häuschen gestorben sein, das die Gemeinde für ihn baute, als seine Hütte abgebrannt war. Fest steht, daß Hasen-Ahlers am 26. Juli 1913 verstorben ist.

Außer den Trägern war bei seiner Beerdigung nur der Armenvater Tönjes aus Bürstel / Immer zugegen. Ein Grabstein wurde nicht gesetzt. So ist die Grabstätte auf dem Friedhof zu Ganderkesee schwer zu finden. Hinnerks Andenken zu wahren, baute der frühere Besitzer des Waldschlößchens am Nordrand der Stühe in seinem Garten in der Nähe des Stüher Waldhauses ein Denkmal mit einem Häschen darauf. 1932 soll das Denkmal abgebrochen worden sein, es wurde im nächsten Jahre in Feldhake bei der Wirtschaft Strudthoff wieder aufgebaut. Die Denkinschrift trägt den ersten Vers des Hasen–Ahlers–Liedes.

Und daß bis auf den heutigen Tag die Holzschuhe und die letzte Flinte des Besagten in Bürstel sorgsam aufbewahrt werden, ist ein Zeichen dafür, daß Hasen-Ahlers als Original der Delmenhorster Geest niemals vergessen wird.

Gemeinde Ganderkesee

Die Entstehung des Ortsnamens Ganderkesee

Nur wenig Phantasie braucht man, um mit dem Ortsnamen Ganderkesee die folgende Sage zu verknüpfen.
Einst soll dort, wo jetzt die Kirche steht, ein See gewesen sein. Als nun das Wort des Heilands auch bei uns verkündet ward, da deuchte es den Bauern, daß hier in Ganderkesee zu Gottes und der Menschen Wohlgefallen eine Kirche vonnöten sei. Sofort erhob sich aber die Frage, wo diese Kirche stehen sollte, und darüber entbrannte schließlich ein großer Streit. Nach langem Hin und Her entschied man sich, zur Beilegung des Streites einen geblendeten Ganter (Gänserich) auffliegen zu lassen, und dort, wo dieser Ganter sich hernach niederlasse, solle die Kirche gebaut werden.
So geschah es dann auch. Der Ganter ward in die Luft geworfen, und er ließ sich mitten in dem schon erwähnten See nieder. Damit war der Platz für die Kirche erkoren. Daraus entstand wiederum die Auflösung des Ortsnamens, nämlich: Gant (er) erkieste See. So bildete sich – aber eben nur der Sage nach – der Name Ganderkesee.

Der wilde Jäger und der Handelsmann

In grauer Vorzeit lag am Rande des Hasbruchs ein herrliches Schloß, in dem ein Edelmann lebte, der weit und breit als wilder und grausamer Jäger bekannt war. Als nun dieser Edelmann und Schloßherr eines Tages in seinem Jagdrevier, den Wäldern des Hasbruchs, einen kapitalen Keiler verfolgte, gelang ihm, erst nach einer wilden Verfolgungsjagd, auf Wurfweite an das mächtige Tier heranzukommen. Obwohl der Jäger seine mutmaßliche Jagdbeute schon fast gestellt hatte, war ihm das Jagdglück an diesem Tage nicht hold, denn der schwere Jagdspieß, die Saufeder, verfehlte sein Ziel. Mit pfeifendem Geräusche schoß der Spieß am Körper des Keilers vorbei, um, im Schafte zitternd, im weichen Waldboden steckenzubleiben. Kaum hatte der Jäger sein Ziel verfehlt, als sich der Keiler auch schon umwandte; mit wutfunkelnden Augen sah er seinen Feind an. Ohne Waffe blieb dem Jäger als einziger Ausweg nur die Flucht: er erkletterte eilends den nächstbesten Baum. Kaum aber hatte sich der Edelmann auf diese Weise in Sicherheit gebracht, da kam ein Handelsmann, der eine wohlgefüllte Kiepe auf seinem Rücken trug, gemächlich des Weges. Sofort wurde der am vorhergehenden Geschehen völlig unbeteiligte Handelsmann das Angriffsziel des wütenden Tieres. Nach wenigen Augenblicken lag der unschuldige Mann, von den Hauern zerfetzt, in seinem Blute, das den Waldboden ringsum rot färbte.
Der auf dem Baume sitzende Jäger hatte aus sicherer Entfernung den Ablauf des Geschehens verfolgt und fühlte sich erst bemüßigt, von seinem geschützten Hochsitze herunterzusteigen, nachdem der Keiler im dichten Unterholze der Hasbruchwaldungen verschwunden war. Kaum war er jedoch vom Baume geklettert, eilte er auch schon an die Stelle, an der sein Wurfspieß im Boden steckte, ergriff die schwere Jagdwaffe und näherte sich dem am Boden liegenden verwundeten Handelsmann, allerdings keineswegs in der Absicht, dem Schwerverletzten Hilfe angedeihen zu lassen, ganz im Ge-

genteil, nur um den Ärmsten meuchlings zu ermorden, da die wohlgefüllte, Schätze verheißende Kiepe seine Begehrlichkeit so sehr gereizt hatte, daß er, der einen klaren Gedanken zu fassen kaum mehr in der Lage war. Und so zögerte er auch nicht einen Augenblick, den armen Handelsmann mittels seiner Saufeder vom Leben zum Tode zu befördern. Aber kaum war diese Untat vollbracht, da verwandelte sich der begehrliche Edelmann, der wilde Jäger, in einen Keiler, auf dessen Rücken der soeben Ermordete, des Jägers Saufeder in der erhobenen Rechten schwingend, ritt. Seit dieser Zeit stürmt zu mittelnächtlicher Stunde eines jeden Tages der in einen wild grunzenden Keiler verwandelte Edelmann mit seinem verwunschenen Reiter, dem zu neuem Leben erwachten Handelsmann, durch die Waldungen des Hasbruchs.

Der Hasbrok

Sei mir gegrüßt, o Waldesdom,
Auf Säulen hoch gebaut!
Hier predigt jeder Riesenstamm
Von frühern Tagen laut.

Durch das Gewölbe rauscht es hin,
Wie's aus der Orgel quillt,
Mit tausend Stimmen fallen ein
Die Vögel sanft und mild.

Das ist der alten Deutschen Dom,
Echt gotisch ist sein Stil;
Durch seine spitzen Fenster fällt
Des Lichtes farbig Spiel.

Jahrtausende schon steht er da;
Es wirbelte empor
Durch seine Wölbung Opferrauch
Dem Wodan und dem Thor.

Aus toten Steinen ist er nicht,
Von Menschen nicht gemacht;
Natur, die große Meisterin,
Hat ihn hervorgebracht.

So steht er da, wie aus Granit,
Baut sich noch immerdar
Durch eigne Kraft aus sich heraus
Lebendig, Jahr für Jahr.

Ob auch das Heidentum zerfiel,
Sein hehrer Dom bleibt stehn,
Und ob Jahrhunderte im Sturm
An ihm vorübergehn.

Hasbrok, uralter deutscher Dom,
Ehrwürd'ges Heiligtum,
Wie braust durch deine Wölbung laut
Der Vorwelt Kraft und Ruhm!

Vor meinem Geiste steigen auf
Gestalten nebelhaft:
Radbod und Wittekind, Armin,
Voll Stolz und Heldenkraft.

Die Schatten wachsen riesengroß,
Bald bricht die Nacht herein;
Schon rötlich durch die Wipfel blinkt
Der Abendsonnenschein.

O Deutschland, deine Herrlichkeit
Versank im Zeitenstrom!
Sie grüne wieder stark und hehr,
Wie dieser Waldesdom!

Franz Poppe

Graf Christian, der Kreuzfahrer

Als Kaiser Friedrich Barbarossa auf der Kreuzfahrt zum Heiligen Lande im Jahre 1190 ums Leben gekommen und auch der junge Herzog Friedrich von Schwaben vor Akkon gestorben war, verloren viele Kreuzfahrer den Mut und begaben sich auf den Heimweg. Auch Graf Christian von Oldenburg kehrte nach Deutschland zurück, ohne Jerusalem gesehen zu haben. Aber er brachte aus dem Heiligen Lande goldene und silberne Kreuze mit, geschmückt mit Teilen von wundertätigen Heiligengebeinen.
Unter unbeschreiblichen Mühen und Gefahren legte Graf Christian den langen Weg durch den Balkan zurück und war endlich in seiner Heimat angelangt. Nur noch eine halbe Tagesreise von seiner eigenen Burg entfernt, die zwischen Hatten und Sandhatten lag, übernachtete er im Ort Bergedorf bei Ganderkesee in einem Bauernhaus. Hier wurde er von den Rittern von Hatten, von Döhlen und von Sannum im Schlaf meuchlings ermordet; wie man sagt, mit Wissen seines Bruders, des Grafen Moritz von Oldenburg, der allein regieren wollte. Die Mordtat geschah in Siemens Haus nahe der Schule. Die Täter wurden verfolgt und zum Teil gefangen. Sie mußten sich einem Gottesurteil unterwerfen und zum Beweis ihrer Unschuld barfüßig über zwölf glühende Pflugscharen schreiten. Da sie hierbei nicht unverletzt blieben, wurden sie für schuldig erkannt und zur Strafe für ihre Missetat gerädert. Wie es heißt, erlangten die entkommenen Übeltäter vom Erzbischof von Bremen die Vergebung ihrer Sünde; dafür mußten sie die St.–Margarethen–Kapelle zu Bergedorf stiften oder zum Bau der Kirche in Hatten beitragen.

Am Burgwall bei Sandhatten war lange Zeit ein offener Graben, „die Wellen“ genannt. Hier ist es nicht ganz geheuer. Oftmals hat man nächtens zwischen 23 und 24 Uhr einen schwarzen Hund herumlaufen sehen, dessen Kette mächtig rasselte. Das ist der Graf Christian, der im Grabe keine Ruhe findet.

Grabstein an der Kirche zu Schönemoor

Der Teufel und die Kirche zu Ganderkesee

Das Kirchspiel Ganderkesee hat einen großen räumlichen Umfang. In alter Zeit sollen noch viele Dörfer dazugehört haben, die jetzt teils nach Hude eingepfarrt sind, wie Hurrel, Lintel, Nordenholz und Vielstedt, teils nach Hatten, wie Dingstede, oder eigene Kirchen errichtet haben, wie Harpstedt oder Hasbergen. Der Küster durfte den Gottesdienst nicht eher einläuten, als bis wenigstens ein Kirchgänger aus Hurrel erschienen war. Zur Bequemlichkeit der Eingesessenen waren einst sieben Kapellen erbaut worden, und zwar in Bergedorf, Bürstel, Grüppenbühren, Habbrügge, Kirchkimmen, Schlutter und Stenum. Aber sieben kleine Gotteshäuser zu unterhalten, kostete so viel, daß man beschloß, statt dessen eine gemeinsame große Kirche zu errichten. Wenn man sich nur über den Mittelpunkt des Kirchspiels hätte einigen können! Endlich ließ man einen Ganter fliegen; wo dieser sich niederlassen würde, sollte der Bauplatz sein. Der Vogel suchte sich eine sumpfige Stelle aus, die man erst mit Erde ausfüllen mußte. Es war der Platz, wo heute die Kirche steht. Im Pastoreingarten sind noch die Aushublöcher vorhanden, aus denen man den Füllsand gewon-

Der Pferdefußabdruck an der Mauer der Kirche Ganderkesee

nen hat. Der Ort aber erhielt davon, daß ihn ein „Ganter kesede", den Namen Ganderkesee. Andere sagen, der Ort habe ursprünglich Gandrikesarde geheißen. Als nun die große Kirche im Bau begriffen war, fragte der Teufel die Bauarbeiter: „Was baut ihr da?" - „Ein Wirtshaus", lautete die Antwort. Darüber freute sich der Satan und half fleißig bei der Arbeit. Als die Mauern aber immer höher wurden und man mit den Gewölben anfing, merkte er, daß er betrogen werden sollte, und beschloß, das Bauwerk zu zerstören. Er wollte mit diesem Plan jedoch möglichst lange warten, damit sich seine Arbeit auch lohne. Wenn die Leute sich tüchtig abquälten, dachte er, würden sie um so eher die Lust am Wiederaufbau verlieren. Solange die Kanzel noch nicht in der Kirche angebracht war, konnte der Satan den Bau mit leichter Hand zerstören; nachher hätte er verspielt. Die Leute wußten sehr wohl, was auf dem Spiel stand, und setzten eines Tages, ehe die Kirche ihr Dach bekam, rasch die Kanzel hinein. Da erkannte der Teufel, daß er überlistet worden war. Wütend stemmte er sich gegen die Mauer, aber sie hielt stand. Den Abdruck von seinem Pferdefuß und von seinem Schwanz kann man noch immer in zwei Steinen der Südseite erkennen.

Die feindlichen Brüder von Ganderkesee

Zur Zeit, als noch viel fremdes Kriegsvolk in deutschen Landen hin und her zog, lebten auf einem Bauernhof tom Holzkampe auf der hohen Geest bei Ganderkserde (heutiges Ganderkesee) zwei Brüder, die in schönster Eintracht das väterliche Erbe verwalteten. Heinrich, der jüngste, war still und in sich gekehrt, er war als bescheiden bekannt und zu jedermann freundlich und gut. Georg dagegen war etwas störrischer Natur, geizig und mißtrauisch gegen Fremde.

Einmal nun wollte es das Schicksal, daß ein Haufen fremder Söldlinge in das Dorf einzog und sich einige Tage dort aufhielt. Auch bei den Brüdern hatten einige solcher Gesellen Quartier genommen, von denen einer ein Obrist war. Heinrich, der junge Bruder, ließ es an nichts mangeln, er schleppte reichlich Speise und Trank herbei und dachte, daß die Fremden ja nicht ewig hier verweilen könnten. Georg jedoch ging mürrisch einher und hätte sich in manche Händel eingelassen, wenn Heinrich ihn nicht stets zur Ruhe ermahnt hätte. Dem Obristen aber schien der ältere Bruder zu gefallen, er hatte ihn beobachtet und dachte, daß der Bursche gut für das Kriegshandwerk sein könnte. Er stellte Georg daher zur Rede und erzählte ihm in verlokkender Weise viel aus seinem abenteuerlichen Leben, das Georg nicht kannte: von Weibern, von Reichtum und vielen fröhlichen Zechgelagen.

Der Fremde hatte gar bald erkannt, daß Georg an irdischen Gütern gelegen war, und er schilderte ihm daher in den frohesten Farben die Zukunft, wenn er mit ihm ziehen werde. Anfangs hatte Georg mit dem Fremden gezürnt und den Kopf geschüttelt, als aber der Obrist auch an den folgenden Tagen nicht nachließ in seinem Drängen, wurde Georg schweigsam und düster. Singend ging er umher und scheute die Nähe des Bruders, der sich das seltsame Gebaren nicht erklären konnte. Als dann wieder einige Tage vergangen waren, da hatte der Obrist sein Ziel erreicht; er hatte einen neuen Kumpanen gefunden, der ihn auf seinen weiteren Zügen begleiten würde.

So zog denn Georg in der Hoffnung, Reichtümer zu erwerben, eines Morgens mit den fremden Gesellen und ließ Heinrich allein auf dem Hof zurück. Lange Zeit verging.

Heinrich, der junge Bauer, hatte nichts wieder von seinem Bruder gehört und glaubte ihn endlich nicht mehr am Leben. Manchmal wohl kamen fremde Trupps durch den Ort, und die Bauern wurden des lästigen Kriegsvolks, das für sie Grund zu dauernder Unruhe wurde, endlich überdrüssig. Hab und Gut litten arg unter den wüsten Gesellen; die Frauen und Mädchen mußten sich gar verstecken, um den Zudringlichkeiten der fremden Söldner zu entgehen. So kam es denn schließlich soweit, daß die Bauern, notgedrungen, sich bewaffneten und manchen frechen Überfall mit Knütteln, Sensen und Dreschflegeln abwehrten.

Dann kam wieder einmal ein Tag, als die Späher der Bauern den Anzug eines größeren Haufens feindlicher Gesellen meldeten. Da rüsteten die Bauern zu einer regelrechten Schlacht und zogen hinaus vor das Dorf, den Feinden entgegen. Auch Heinrich war unter ihnen und führte eine kleine Schar. Das tapfere Bauernvolk hatte einen schweren Stand den besser bewaffneten Kriegsknechten gegenüber. Doch die Empörung und die Gerechtigkeit führte bei den Bauern zum Siege. Der größte Teil der Feinde ergriff die Flucht. Nur Heinrich kämpfte noch gegen eine verbissene Brut. Der junge Bauernführer sah einen langen Burschen vor sich und warf

sich ihm kämpfend entgegen. Dann plötzlich stutzen beide; ihr vereinter Schrei ließ das Kampfgetümmel verstummen und den Rest der Feinde zur Flucht sich wenden. Heinrich und der Fremde jedoch hatten die Waffen fallengelassen. Sie hatten sich, nachdem einer dem anderen den Todesstoß gegeben, erkannt und hatten nun nur noch die Kraft, sich in die Arme zu sinken; sterbend umklammerten sie sich.
Die Bauern aber begruben die beiden Brüder an Ort und Stelle und pflanzten auf das Grab eine Eiche und eine Buche. Seltsamerweise wanden sich die Bäume bald umeinander und verschlangen sich zu einem. In seltener Andacht gingen in der Folge die Leute des Dorfes an dem eigenartigen Baum vorüber und gedachten der Brüder, die im Tode vereint worden waren. Noch heute steht der Baum, und wer in seinen Schatten tritt, dem erzählt er von dem Schicksal der Brüder und von dem Kampf, den harte Bauernfäuste um Freiheit, um Haus und Scholle führten.

Der Edelstein in der Kirche zu Ganderkesee

Die Gräfin Irmgard von Delmenhorst lag auf dem Sterbelager. Sie machte sich schwere Sorgen. Der Graf, ihr Gemahl, hatte einst von seinen Kreuzzügen nach dem Heiligen Lande zehn Edelsteine mitgebracht und ihr diese als Pfand der Liebe und Treue in die Hände gelegt. Diese zehn Edelsteine waren jetzt der Gräfin Kummer in ihrem Sterbestündlein. Sie hatte nämlich drei Töchter, denen sie in gleicher Liebe zugetan war. Da aber der Edelsteine zehn waren, wie sollte da ohne Streit eine gerechte Teilung geschehen?
Neun der Diamanten waren von gleicher Größe und Pracht, der zehnte aber war der kostbarste von allen. Und dieser zehnte war der Gräfin Sorge.
Da ihr der Tod nun nahe war, rief sie ihre Töchter zu sich und nahm ihnen das Gelübde ab, um des zehnten Steines Willen kein Streit zu entfachen. Danach schlief die Gräfin ruhig ein.
Nach Jahr und Tag der Trauer schritten die Edelfräulein zur Teilung ihres mütterlichen Erbteils. Der zehnte Stein jedoch wurde – trotz des gegebenen Versprechens – die Ursache von Haders und Mißgunst zwischen ihnen. Die Älteste glaubte als solche ein Recht auf den Stein zu besitzen. Die zweite wollte um der Mutter Namen, den sie trug, den Stein gern ihr eigen nennen.
Als der Mutter Liebling wähnte sich die Jüngste und begehrte darum den Stein. Das alles betrübte den Grafen gar sehr, und er mahnte sie an ihr Gelöbniss an der Mutter Sterbebett.
Aber das alles wollte nichts fruchten. Schließlich verbarg der Graf den Stein und glaubte so die Ruhe wiederherzustellen. Die Töchter aber forderten, eine jede für sich, den Stein.
Da pochte eines Abends ein Pilger an das Tor und begehrte Einlaß. Der Graf ließ den Gottesmann ein und klagte ihm sein bitteres Leid um des Diamanten willen. Darauf wußte der Pilger Rat. Er riet: „Tragt den Edelstein nach Ganderkesee und versenkt ihn in der Mauer der Kirche, die gerade im Bau steht, so daß er dort für alle Zeiten mit eingemauert wird.“ Also tat der Graf nach des Fremden Ratschlag, und danach kehrte wieder Ruhe ein in der Burg.

Der Müller von Elmeloh

Auf der Wassermühle von Elmeloh im Kirchspiel Ganderkesee, die vormals der Familie von Witzleben in Hude gehörte, wohnte einst ein Müller, der keinen guten Ruf hatte. Er betrog und bestahl seine Mahlgäste und maß mit zweierlei Scheffeln. Mit dem unrecht erworbenen Getreide und Mehl trieb er einen einträglichen Handel, und so wurde er ein reicher Mann. Nach seinem Tode mußte er in der Mühle umgehen und spuken. Bei vielen Gelegenheiten störte er den neuen Müller und seine Hausgenossen. Einmal drückte er das Wasser der Welse zurück, so daß die Mühlräder stehenblieben. Ein andermal zog er alle Schüttbretter hoch und ließ soviel Wasser einströmen, daß das Räderwerk davon entzweibrach.
Man beratschlagte, was dagegen zu tun sei, doch alle Mittel, den Geist des alten Müllers zu bannen, schlugen fehl. Der Herr von Witzleben genehmigte, das Mühlenhaus abzubrechen und von Grund auf neu zu bauen. Aber auch das half nichts, es spukte nach wie vor. Schließlich ließ man einen Pater aus Vechta kommen, der zwang den Geist in einen Sack. Man packte ihn auf einen Wagen und fuhr damit nach Falkenburg. Der Amtmann sollte entscheiden, was damit geschehen solle. Jedoch wollte der Beamte nichts mit dem Geist zu tun haben und sagte: „Meinetwegen bringt ihn in den Hasbruch, dort kann er kein Unheil anrichten.“ Und so fuhren sie ihn denn in den Wald. Unterwegs wurde der Sack immer schwerer, und nur mit Mühe kamen die Pferde zum Ziel.
Da stieß der Pater den Sack vom Wagen, öffnete ihn und befahl dem Geist, im Walde zu bleiben. Aber das Gespenst kletterte wieder auf den Wagen hinauf und sagte:
„Sind ji woll nich klook?
Schickt mi in'n Hasbrook!
Lat mi man int Water kieken,
denn will ick van Elmeloh wieken.“
„Das können wir gleich haben“, sagte der Pater und ließ den Wagen weiterfahren bis zur Jagdhütte bei der Bäke im Hasbruch. Hier holte er einen Eimer Wasser heraus und befahl dem Geist, den Bach leer zu schöpfen. Mit dieser Arbeit begann er auch sogleich. Wenn diese Bäke nicht mehr fließt, dann wird der Müller erlöst sein.

Der Teufel in der Gestalt eines Fuchses

In der Bauerschaft Steinkimmen liegen an der Chaussee von Oldenburg nach Falkenburg einige Häuser, welche den Namen Vosteen, Fuchsstein, führen. In dem Hofwall des bedeutendsten dieser Häuser, an der Nordseite der Chaussee, sind viele große Steine eingefügt, und in dem größten und letzten dieser Steine finden sich deutliche Abdrücke der Füße und des Schweifes eines Fuchses. Der Abdruck entstand, als ein von Jägern am Karfreitag gehetzter Fuchs über den Stein lief. Einige erzählen, der Fuchs sei der Teufel selbst gewesen. Lange hatte derselbe einen Jäger geneckt und hinter sich her gelockt, und als er auf den besagten Stein gesprungen war, und der Jäger schon seine Büchse zum Schusse erhoben hatte, sah jder Fuchs sich mit einem höllischen Gelächter um und verschwand, Schwefelgestank zurücklassend.

Hainbuche in Sage

Gemeinde Großenkneten

Irrlichter an den Apostelsteinen

Von Hermann Speckmann

An den Ahlhorner Fischteichen in der Nähe des Stauwerkes der Lethe liegen hinter einem Zuleiter die bekannten „12 Apostelsteine".
Man geht davon aus, daß es sich hierbei ursprünglich um 16 Steinblöcke gehandelt haben muß, die sich in zwei unterschiedlich großen Kreisen gruppierten, wobei ein Stein weit außerhalb der Kreise in Richtung der Sommersonnenwende lag. Über diese Steingruppen wurden vor und nach dem Zweiten Weltkrieg einige Untersuchungen durchgeführt, die eben die Vermutung aufkommen lassen, daß es sich hier um die sognannten Kalendersteine handelt.
Als um die Jahrhundertwende die Teiche angelegt wurden, fuhr der verantwortliche Ingenieur werktäglich mit der Großherzoglich-Oldenburgischen Eisenbahn. Auf dem Bahnhof in Großenkneten, auf dem mein Vater zu der Zeit Dienst tat, lernte er diesen Mann kennen.
Bevor der Abendzug nach Oldenburg eintraf, war, wie an jedem Abend, noch genügend Zeit für ein Gespräch. Aber diesmal schien der Ingenieur etwas verwirrt zu sein und reagierte sehr aufgeregt.
Er erzählte Vater die folgende Geschichte:

Er habe heute die Apostelsteine aufgesucht und nur Überlegungen angestellt, ob man nicht auch dort einen Aufzuchtteich anlegen könne. Da sei etwas sehr Merkwürdiges passiert: Zwischen den Steinen seien Irrlichter aufgetaucht, flackernd über dem Boden hin- und hertaumelnde Flammen, die sich Richtung Lethe bewegten. Außerdem sei eine wabernde Nebelgestalt aufgetaucht. Doch das erschien für ihn nicht so bedeutsam wie die Vorstellung, daß sich diese Erscheinung auf die Lethe zu bewegte. Er wiederholte, ausgerechnet in die Lethe!
Er erklärte meinem Vater, daß das Wort Lethe aus dem Griechischen stamme und bei den alten Griechen der Fluß der Unterwelt sei, woraus die Verstorbenen trinken würden. Er glaubte, daß er nun sterben müsse. Er verspüre regelrecht einen innerlichen Zwang, zur Lethe zu gehen.
Mein Vater versuchte, den guten Mann zu beruhigen, und gab ihm zu verstehen, daß noch niemand in der flachen Lethe ertrunken sei. Aber der Ingenieur meinte immer noch in seiner Aufregung, diesen Spuk müsse man symbolisch verstehen. Der ankommende Zug beendete dann das Gespräch.
Mein Vater war nun neugierig geworden. Am Abend fuhr er mit einem Kollegen, den er unter einem Vorwand dazu bewegte und der nichts von der Vorgeschichte wußte, zu den Apostelsteinen. Doch die Irrlichter waren nicht bereit, sich ohne weiteres zu zeigen.
Vater war aber mit den Techniken des oldenburgischen Aberglaubens wohlvertraut. Er stellte sich hinter seinen Kollegen und schaute ihm über die linke Schulter.
Und siehe da: Im Kreis der Apostelsteine tanzten Lichter. Sie schienen von Stein zu Stein zu springen, als ob sie sich freuten. Es war wie ein Feuerwerk, daß er erst später zum ersten Male beim Gildefest in Wildeshausen erlebte. Und jedesmal, wenn wir Kinder einem Feuerwerk zuschauten, mußten wir uns die Geschichte von den Irrlichtern an den „12 Aposteln“ anhören.
Vielleicht wurden die Apostelsteine aufgrund dieser Begebenheit gerettet und man verwarf den Plan, hier einen Teich anzulegen.
Viele Jahre später sah noch jemand anders die Erscheinung. Es war ein Jägersmann aus Großenkneten, der hier zur Bockjagd auf der Lauer lag. Er wurde vor dem sicheren Abschuß durch die Irrlichter so irritiert, daß der Bock sich bequem in die schützende Schonung retten konnte.

De Hann'nlöper in de Ahlhorner Heide

Von Georg Bövers

To de Tiet, as noch kin Minsch an Isenbahn und Telegraph dach un dat mit de Säkerheit in'n Lann'n noch nich wiet her weer, drew in de Ahlhorner Heide 'n Röwer sin Unwesen. Männig en wurd bit up't Hemd utplunnert, un männig en verschwund in de Heide, wo kin Hahn na kreihn deh. Enes Dages wur'n Mann, de mit Dochter un'n Knech van Ostfreesland, wo he to Besök wäsen weer un nu där de Heide wedder na Hus reiß, öwerfulln un utrowt. De Mann un de Knech wurn dotslan, awer de Dochter, wat'n moje Deern weer und de den Röwer in't

Oge stäken harr, nehm he mit in sin Höhl midden in de Heide. Dre lange Johr hett he de Dern dor gefang'n hol'n und in de ganze Tiet is kin Starbenswort öwer ehre Lippen kamen. Wat de Röwer ehr uck tosetten deh, datt se sin Froh weern schull, se schuddel blot alltiet den Kopp un kek em mit Ogen an, datt em faken bold gruseln deh.
Enes Abends, as de Röwer ahne sin dre Geselln, de in de Heide noch wecke uplurn wulln, in de Höhl kem un de Deern em wat to Aeten vörsett, kunn he sick nich länger tähm'n. He gung up ehr los un wull ehr Gewalt andohn. Awer dor kem he schön mit an! Se kek em mit ehre swaten Ogen an, datt he sick nich wieder wagen den, un fund na dre lange Johr to'n ersten Mal de Sprak wedder.
„Min Vader hest du mord' un den Knech hest du mord', wull du mi nu uck morden? Wahr di, dat is ene Minut vör twölw, wenn de Klock twölw sleit, hest du verspält, so wahr as ick in all' Ewigkeit din Froh nich weer!"
As se em door so egen bi ankieken deh, wurd em rein wunnerliek to Mot. Wenn he anners uck kin bang Kerl weer. Awer he let sick nix marken.
„Wat", lach he, „ick harr verspält? Wenn de Klock twölw sleit, bus du min, un wenn ick up de Hann'n achter di her lopen möt!"
In den Ogenblick slog de Klock. De Deern risch sick hoch up, wies mit de Hand up em un sä:
„Twölw hett de Klock slan,
Di schaß up dine Hann'n gahn
Van nu an bit in Ewigkeit,
Bit di de Düwel helpen deiht!"
Se harr dat leßde Wort noch nich segg, do bög de Röwer sick uck all vördal, bit he mit de Hann'n un Bodden stund, un de Föt gung'n piel in de Luch. He spaddel mit de Been'n, awer dat hulp em nich, un de Deern sä:
„Nu lop up Hann'n där de Heid!
Wer di den Kopp na baben dreiht,
Dreiht sick to'r Straf sülws wedder um
Un lopp an dine Stä herum,
Bit ener kummt, so väl is wiß,
De dummer as de Düwel is!
Man kumms du up din Föt to stahn,
Schaß in de Höll du wieder bra'n!"
Dormit lep de Deern rut in de düster Heide un kin Minsch hett se wedder sehn. De Röwer fung gräsig an to flöken, awer wat he uck anstell'n de, he kem nich wedder up de Föt. As sin Geselln kem'n, mee'n de, ehr Hauptmann wull Spaß maken. Awer es se em upleß up de Föt stell'n wulln, kunn'n se dat mit Gewalt nich klar kriegen. Do kregen se dat mit Angs un neihn ut un weern för all Tiet verswund'n.
Lange, lange Jahr hett de Röwer in de Heide rum spökt, ummer is he up de Hann'n lopen, so as de Deern em dat wickt harr. Sin Haar un Bart weern all ganz gries wurrn, awer all sin Flöken un Ropen na de Deern, se schull em doch wedder up de Föt helpen, nutz em nix. Upleß harr he rein kin Hapnung mehr, datt em noch anners en helpen kunn, as blot de Düwel alleen. Dat har de Deern domols jo uck segg. Enes Nachts, as dat jus ene Minut vör twölw weer, fung he an to ropen:

„Düwel, Düwel ut de Höll,
Wenn mi helpen wullt, denn stell
mi toers mal up de Been',
Is't uck blot van twölw bit en!"

Do slog de klock twölw, un de Düwel stund vör em. „Na, wat wullt du denn van mi?" frag he em.

„Wat ick van di will, frags du noch lang?" sä he to den Düwel, „lop du man ers mal hunnert Jahr up de Hann'n där de Heide, op di dat passen deiht? Up de Föt helpen schaß du mi!"

„Och, wenn't wieter nix is," lach de Düwel, „den Gefall'n will ick di woll dohn!"

Un he dreih em rum, datt he up de Föt to stahn kem. Awer do harr he sick schön anföhr'n laten! Soda de Röwer up de Föt stund, schot de Düwel herum, un nu stund he up de Hann'n!

„Den Donner!" rep he un quäl sick, wedder up de Föt to kam'n, „ nu help du mi doch uck!"

„Ick fleit di wat!" lach nu de Röwer em ut, „nu lop du man wieder op de Hann'n, ick hebb d'r de Näs vull van!" He wull gau utneihn, awer do flog de Düwel em sin langen Steert um dat linke Been, und vat de Röwer sick uck wehr, he holl em faß, bit de Klock en slan deh.

„Hest du mi anföhrt, denn föhr ick di wedder an," sä he do, sprung up de Föt, kreg den Röwer bin'n Kripps un sus mit em af na de Höll.

De Röwer bra' nu in de Höll, wat he uck all lang verdeent harr. Awer för den Düwel weer dat doch'n ganz verdraten Kram. He muß nu jede Nacht na de Ahlhorner Heide un dor von twölw bit en up de Hann'n lopen. Wat wär he uck so dumm wäsen un harr den annern ers wedder up de Föt hulpen? He harr em jo man so mitnehm' kunnt. Nun gung'n em all de annern, de riep weern för de Höll, där de Wicken, denn vör Klock twölw un nach Klock en nachts gef dat för em nix to hal'n. Un jus de Stund'n muß he nun jede Nacht up de Hann'n in de Heide rum drawen!

Wer weet, wo lang he sick dor noch an argern kunnt harr, wenn em nich schlumperwiesn' enes Nachts'n Kohdew, de mit sin Koh in't Tau där de Heide slieken deh, tomöt lopen weer. De Kohdew verjag sich nich slech, as dor upmal ener up'n Kopp vör em stahn deh. He wull gau mit de stahl'n Koh in de Dann'n rin, aber de Düwel sä:

„Wat lopps de Schapskopp denn weg? Kam her, ick gef di hunnert blanke Dalers, wenn du mi eben up de Föt helpen wullt. Ick bun hier up'n Kopp in dat ole Lock storrt, un nun kann ick de Arms nich wedder ut de Gubbel rut kriegen!"

„Hunnert Dalers?" menn de Kohdew, de in'n' Düstern gornich seeg, well he dor vör sick harr, „dor kann ick dat woll för dohn!"

He knudd de Koh an'n Struck un pack den Düwel midden um den Buk un dreih em up de Föt.

„Hech!" wunner he sick, „du föhls di jo jus so rug an as min Koh! Un – un – un'n Steert hest du uck jo!" He koppheister rum, un ehr he wuß, wat em öwerkem, stund he up de Hann'n un kunn nich wedder up de Föt kamen.

„Wat schall dat denn heeten?" sä he to den Düwel, „wat holls du mi denn faß?"

„Ick hol die jo gornich faß", lach de Düwel, „awer meens du, ick hebb anners nix to dohn, as jede Nacht up de Hann'n in de Ahlhorner Heide rum to lopen?"

Nu mark de Kohdew, wat he för en vör sick harr un de Düwel em anföhrt harr. He fung an to bidden un to bädeln, awer dor kem he bi den Düwel an den Richtigen! „Hol di munter," lach he, „un töw, bit ener kummt, de noch dummer is as wi beiden, un sick van di anföhr'n lett!" Un af sus he wedder na de Höll un hett sich bit sowiet in de Ahlhorner Heide nich wedder blicken laten.
So hett de Röwer den Düwel un de Düwel den Kohdew anföhrt. Wenn di in de Ahlhorner Heide mal ener begägen schull, de up de Hann'n lopen deiht, denn lat em snacken, wat he will, un help em jo nich up de Föt. Du weeß nu jo Bescheed.

Hexenbesen in einer Birke

De starke Mann van Döhlen

In früheren Zeiten gab es in Döhlen einen starken Mann, dem keiner etwas antun konnte. Er war sich seiner Stärke bewußt und protzte auch damit. Eines Tages kam ihm zu Ohren, daß es in Hatten auch so einen starken Mann geben sollte. „Den mut du di ankieken, den mut ick sehn," sagte er sich. Er nahm sich einen Bindebaum und ging in Richtung Husum. Dort setzte er seinen Baum in die Hunte und sprang mit einem Satz hinüber. Auf der Hatter Seite in Schohusen sah er einen kräftigen Mann mit vier Ochsen pflügen. „Dat mut he wesen", dachte er und ging auf ihn zu. „Büst du de starke Mann van Hatten?" fragte er ihn. „Nee", sagte dieser, hob den Pflug mitsamt den Ochsen in die Luft und zeigte in die Richtung Hatten. „De starke Mann wohnt dor, ick bün bloß de lütje Knecht." Als das der Döhler sah, dachte er: „Wenn dat bloß de lütje Knecht is, wie mag denn wohl de starke Mann utsehn?" Er nahm seinen Bindebaum, setzte ihn in die Hunte, sprang wieder zurück und verschwand in Richtung Döhlen.

Der Name Hollen

Einst vertrieben Kriegsleute die Einwohner des Dorfes Großenkneten. Eine Frau kam jedoch zu Pferde wieder und sah über das Heck in ihr Haus. Ein Kriegsmann bemerkte und verfolgte sie, konnte sie aber nicht einholen. Von dem Rufe: „Holt! Holt!" den er der Fliehenden nachsandte, erhielt das Haus den Namen Hollen. Es liegt nördlich vom Dorfe.

So entstand die Buchenallee

Von Dirk Faß

Auf der Hofstelle, wo heute in Großenkneten die Diakonie untergebracht ist, lebte vor etwa 150 Jahren der Bauer Hespe mit seiner Frau. Bauer Hespe lebte nach den Worten der Bibel, und wenn er auf seinem Eschland stand und Pflug und Pferd vor sich hatte, um eine Furche in den fruchtbaren Acker zu ziehen, dann betete er zu Gott. Aber über die Jahre fanden sich in dem Gebet immer wieder dieselben Worte: „Lieber Gott, schenke uns doch ein Kind!"

Nach einem sonntäglichen Kirchgang trafen Bauer Hespe und seine Frau Johanna auf seinen Nachbarn, den Bauer Sandemann mit einer Schar von Kindern. Wie die Orgelpfeifen standen die sieben Kinder neben Vater Sandemann. Und der sagte stolz: „Seht, meine Kinder, sie werden mich im hohen Alter versorgen!" Bauer Justus Hespe fand nur wenige Worte, und er und seine Frau zogen über den schmalen Fußpatt, Landwehr genannt, nach Hause.

Sie saßen beide vor dem Herdfeuer und löffelten ihre Griessuppe. Johanna sagte leise: „Justus, darf ich zum alten Jeronimus gehen, der drüben alleine in der alten Kate am Huntloser Moor wohnt, und ihn um einen Rat fragen?"

Justus haute mit der Faust auf den Tisch, so daß sie einen großen Schreck bekam, und

sagte: „Das ist doch Teufelswerk! Dieser Scharlatan, der nur an die Naturgeister glaubt, ist ein Werk des Teufels.“
Tief gebeugt stand Johanna auf, ging in die Schlafkammer und weinte. Justus hatte doch großes Mitleid und wollte ihr nachlaufen. Doch sein bäuerlicher Stolz verbot es ihm, denn das, was der Bauer sagte, war früher auf dem Hof nun mal Gesetz.
Als Johanna am nächsten Tag nach Ahlhorn zu ihrer kranken Mutter wanderte und schon einige Minuten unterwegs war, spannte Justus sein Pferd nicht vor den Pflug, sondern vor seinen Ackerwagen. Er fuhr mit seinem Fuhrwerk über den Sandberg, wo das alte Dorf Großenkneten lag. Dort begegnete ihm Bauer Hellbusch und rief ihm zu: „Moin Justus, wo willst du denn hin?“
Justus stotterte: „Jo, äh, ik wull Torf hol’n !“
Bauer Hellbusch rief ihm noch hinterher: „Aber dat is doch noch viel zu naß!“
Über den Hollen bog Justus mit seinem Gespann aber nicht in das Moor, sondern in einen fast zugewachsenen Weg. Nur langsam kam er voran, sein Pferd bohrte die Hufe in den moorigen Boden, und Justus peitschten ständig Haselnußzweige durch das Gesicht. So langsam wurde er doch etwas ängstlich, denn auf dem schmalen Weg konnte er nicht einmal sein Fuhrwerk umdrehen, also mußte er sein Pferd weiter antreiben, um nicht steckenzubleiben. Plötzlich stand er vor einer alten Moorkate, die etwas größer und höher war als ein Schafstall. Das langgezogene Dach war mit Moos überwachsen, und vorne aus der Doppeltür zog weißer Rauch.
Justus sprang von seinem Ackerwagen, und sein Pferd bediente sich an den frischen Zweigen einer jungen Birke. Als Justus sich der alten Kate auf hundert Meter näherte, war es auf einmal mucksmäuschenstill, selbst die Frösche im Teich stellten ihr Konzert ein. Justus öffnete die knarrende Tür und rief hinein: „Hal, hal, hallo, wohnt hier der Jeronimus?“
Vor Schreck sprang ihm eine schwarze Katze fast ins Gesicht. An der Feuerstelle konnte er niemand sehen, und so drehte er sich wieder um zur Tür. Da stand plötzlich ein kleiner Mann vor ihm, der hatte einen langen weißen Ziegenbart und grinste wie ein Honigkuchenpferd. Justus erschrak und bekam kein Wort heraus. Der kleine Jeronimus nahm seinen Zylinder vom Kopf, so daß man seine weißen langen Haare sah, und verbeugte sich mit den Worten: „Oh, ich habe Besuch. Schon lange sprach ich nicht mehr mit einer Menschenseele. Komm herein, Justus, trink einen Moostee mit mir!“
Justus folgte ihm, noch immer wortlos, und nahm an der Feuerstelle auf einem kleinen Schemel Platz. Doch eines interessierte ihn zunächst doch, bevor er einen Schluck vom heißen grünen Tee nahm: „Sag, Jeronimus, woher weißt du meinen Namen?“
Der warf ein Stück Torf auf die Glut, so daß es in der Kate heller wurde. Erst jetzt sah Justus die vielen Bündel getrockneter Kräuter entlang der Decke. Und als er sich umdrehte, erkannte er ein langes Bord voller Bücher. „Also“, dachte Justus, „muß dieser merkwürdige Gnom auch lesen können und gebildet sein.“
Da endlich antwortete Jeronimus: „Die Naturgeister haben mir von dir erzählt!“
Justus war tief erschrocken und stotterte: „Dann weißt du auch, warum ich hier bin?“
Jeronimus schüttelte den Kopf und gurgelte mit seinem Tee dreimal: Grrrrr, grrr, grrrr! „Nein“, sagte er darauf, „sie erzählen mir ja auch nicht alles!“

Justus klagte ihm sein Leid, daß sie doch auch gerne einen Hofnachfolger haben möchten, aber seine Frau könne kein Kind bekommen. „Aber was ist ein Leben ohne Kinder! Es ist kein schönes Leben, wenn ich Abend für Abend mit meiner Frau am Feuer sitze. Da fehlt einfach etwas, ein Kind, auf das man stolz sein kann, ein Kind, das sich tüchtig schmutzig macht und das überall herumrennt und dummes Zeug macht, wie wäre das doch herrlich!"
Jeronimus hörte geduldig zu und sagte nach einer Schweigeminute: „Sag, wo liegt dein Hof?"
„An der Straße zum Hagel!" sprudelte Justus heraus und wartete jetzt auf eine Antwort. Doch Jeronimus sagte nur: „Ich werde mir deinen Hof ansehen!"
Als Justus wieder auf seinem Fuhrwerk saß und sich langsam durch das Dickicht den Weg suchte, war er traurig, denn etwas mehr hätte er schon von diesem Wunderheiler erwartet.
Am Abend beichtete er seiner Frau Johanna, wo er gewesen war, und sie war erstaunt und wollte wissen, was er ihm geraten hätte. Aber Justus sagte kurz: „Der wollte nur wissen, wo wir unseren Hof haben!"
Es vergingen zwei Tage. Johanna versorgte am Abend die Kühe im Stall, und Justus kam vom Feld wieder. Da bewegte sich eine kleine dunkle Gestalt ums Haus herum, und Justus wollte schon mit der Forke dem vermeintlichen Hausierer nachstellen. Aber dann erkannte er den kleinen Jeronimus mit seinem Federhut. Der ließ sich von Justus nicht stören und streifte siebenmal um den Hof. An jeder Ecke blieb er stehen und streckte seine Wünschelrute aus.
Justus ging ins Haus und sagte zu Johanna: „Hoffentlich sieht das keiner unserer Nachbarn. Das ist ja Schwarze Magie, wenn da unser Pastor von erfährt!"
In dem Moment kam aber der Kleine in seinen Stiefelholzchen *(Stewelholzschen)* hineingeschlurt, setzte sich an das Herdfeuer und sagte mit piepsiger Stimme: „Interessant, interessant!"
Justus sah seine Frau an und sagte: „Komm, biete unserem Gast doch eine Tasse Tee an!"
„Nein, nein", wehrte Jeronimus ab, „will gleich wieder gehen, muß bei dem ersten Mondschein wieder zu Hause sein! Ihr werdet bald ein Kind bekommen, aber zunächst mußt du, Justus, ein großes Opfer bringen!"
Justus atmete auf und sagte: „Jedes Opfer, jedes für ein liebes Kind!"
Da erzählte Jeronimus: „Mir haben die Hausgeister erzählt, daß vor vielen hundert Jahren hier ein anderes Haus gestanden hat, und darin wohnte ein Holzfäller. Dieser hatte aus Habgier viel mehr Bäume gefällt, als hier nachwachsen. Auch den heiligen Hain (ein dichter Wald aus Buchen) direkt an der Kirche hatte er gefällt und zu Kleinholz gemacht. Sein Fluch war, daß er niemals Kinder bekommen sollte. Dieser Fluch ist noch an diesem Orte. Justus, du kannst ihn für immer brechen, wenn du für die Natur Gutes vollbringst und 200 Buchen pflanzt."
Justus war erleichtert. „Das ist doch kein Problem", dachte er und sagte aufgeregt: „Gleich wenn die Ernte unter Dach und Fach ist, werde ich 200 Buchen pflanzen!"
Jeronimus zerkrümelte mit den Fingern verschiedene Kräuter über der Glut des Herdfeuers, so daß es knisterte, funkte und die Flammen in allen Farben leuchteten. Noch bevor sie fragen konnten, was er für seine Leistung bekäme, war er auch schon

verschwunden.
Der Rauch aus dem Herdfeuer duftete merkwürdig. Der Geruch machte müde, und Justus sagte zu seiner Frau: „Komm, es war ein langer Tag, gehen wir zu Bett."
Am nächsten Morgen kam er völlig abgehetzt vom Eschland hergelaufen und rannte zu seiner Frau in die Scheune.
„Johanna, was habe ich dahergeredet? Wo soll ich denn 200 Buchen pflanzen? Wir haben doch keine Fläche dafür und brauchen unser Land für die Feldfrüchte, die uns und unser Vieh ernähren! Und Geld für ein Stück Land haben wir auch nicht!"
Da saßen sie beide betrübt auf der Bank vor der Dielentür und fanden keine Lösung. Justus sagte mit leiser Stimme: „Ich werde noch einmal zu Jeronimus gehen, vielleicht gibt es doch ein anderes Opfer, das ich erbringen kann!"
Sie hielten sich an der Hand und bemerkten in ihrer Trübsal gar nicht, daß der alte Pastor am Gartenzaun vorbeiging und sie dort sitzen sah. Pastor Gutmann drehte wie gewohnt seine Runde und rauchte dabei seine Pfeife. Seine Frau vertrug den Pfeifenrauch nicht besonders gut, und so mußte der Pastor seine Pfeife immer an der frischen Luft genießen.
Wie er die beiden da so traurig sitzen sah, nahm er seine Pfeife zum ersten Mal, seitdem er losgelaufen war, aus dem Mund und sagte: „Kinder, wat is mit jo, is dat Vieh krank? Oder hebbt ji kin Waoter in Brunnen?"
Die beiden erschraken doch sehr und suchten zunächst nach einer Notlüge. Aber dem alten Pastor Gutmann konnte man nichts vormachen. Der erkannte sofort, wenn jemand schwindelte. Er setzte sich zwischen die beiden und hörte sich die seltsame Geschichte an.
Danach stopfte er nochmals seine Pfeife und sagte gelassen: „Kinner, ji mokt awer ok Saoken (Sachen), ne, ne, von de Jeronimus sin Spökerei dor wull ik nichts von hörn und sehn, awer mit de Buchen pflanzen, dat ist doch ganz einfach!"
Justus und Johanna blickten ihn ungläubig an, und sie sagte: „Wir haben doch kein Land dafür, also?"
Pastor Gutmann sagte langsam: „Land hebb ik ok nich, awer ik kenn en langen Weg!"
Justus faltete die Hände und sagte: „Ein Weg, wir brauchen doch keinen Weg, sondern Land!"
Pastor Gutmann erklärte: „Mein Sohn, wir brauchen kein Land, wir haben einen langen, sandigen Weg, habt ihr noch nie etwas von einer Allee gehört?"
Sie schüttelten beide den Kopf und blieben wortlos. Pastor Gutmann merkte, daß hier wohl noch etwas an Bildung fehlte und sagte: „Kommt ihr beiden, ich zeige es euch!"
Sie gingen die Moorbeker Straße hinunter und bogen rechts in einen langen, sandigen Weg ein. Dieser wurde von den Händlern benutzt, die von Wildeshausen kamen, und von den Knetern, die dort Geschäfte machten. Aber der lange Weg wurde immer wieder von Sandstürmen zugeweht und man konnte ihn oft nicht benutzen.
Da standen sie nun auf halber Strecke, und Pastor Gutmann erklärte: „Kiek an, Justus, dor links und rechts vom Weg pflanzt du de Buchen und sie werden den Weg schützen und später einmal eine wunderschöne Allee geewen."
Justus pflanzte den ganzen Herbst seine Buchen, mal die linke Seite, mal die rechte Seite, fast bis nach Steinloge hin. Wenn ihm bei dieser Arbeit jemand begegnete und

ihn fragte, warum er das mache, dann antwortete er verlegen: „Ich pflanze für unseren Pastor eine Allee!“ Manche sagten darauf: „Aber das sind doch ganz normale Buchen!“ – Dann sagte Justus: „Dachte ich auch immer, aber der Pastor sagt, ich pflanze hier eine Allee!“

Als im Frühjahr die kleinen Bäumchen am langen Weg zu sprießen begannen und sich das frische Grün der Buchen zeigte, da passierte im Haus von Hespes etwas Wunderbares. Ein Baby schrie.

Auf dem Hof wuchs alsbald ein kräftiger Junge heran, und sie nannten ihn Greve, nach dem Land, das sie besaßen. Greve machte sich gerne schmutzig, und war immer zu Streichen und Dummheiten aufgelegt. Justus und Johanna waren aber sehr stolz und glücklich.

Die Jungs in der kleinen Dorfschule hatten einmal gewettet, wer den größten Findling aus dem Eschland vor die eigene Dielentür bringt, der soll dann der Anführer der Bande sein. Alle Jungs schleppten und rollten mit viel Mühe und Schweiß große Findlinge bis an den Hof. Nach einigen Tagen wurde dann die Abnahme gemacht, da waren schon schwere runde und ovale Brocken an die Hofstelle manches Bauern auf dem Sandberg oder auf dem Hollen gerollt worden. Aber als die Bande den großen Findling bei der Dielentür von Hespe sahen, da konnten alle nur staunen. Wie war es möglich, daß Greve so einen großen Stein nach Hause bekommen konnte? Greve hatte es nicht nur in den Armen, sondern auch im Kopf; er hatte davon gelesen, wie die Steinzeitmenschen große Findlinge auf Rundhölzern fortbewegt hatten. Mit dieser Technik kam der Stein vom höher gelegenen Eschland bis an die Hoftür.

Wenn ihr mal nach Großenkneten kommt, dann könnt ihr den großen Stein von Greve noch heute bewundern. Er liegt noch vor der Hoftür, und wenn ihr dann noch Zeit habt, dann seht auch noch die restlichen Bäume der alten Allee an, die Justus gepflanzt hat. Manche der alten Bäume mußten gefällt werden, sie waren schwach und müde geworden. Ein unausgesprochener Schwur erreichte, aber auch das Rathaus, und man faßte den Beschluß, die Buchenallee für immer zu erhalten, und jeweils neue Bäume für die abgängigen zu pflanzen.

Buchenallee Großenkneten

Wie entstand das Sager Meer?

Das Sager Meer ist entstanden, als ein Ort, der sich hier befand, wegen der Ruchlosigkeit seiner Bewohner in der Tiefe versank. Die Einwohner waren durch ihre vielen Schafe und eine großartige Bienenzucht reich und dann übermütig geworden. Eigentlich ist es nicht ein Meer, sondern es sind zwei, ein größeres und ein kleineres, und es wird auch gesagt, daß nicht ein Dorf dort versunken sei, sondern ein Edelhof. Das Haupthaus habe dort gestanden, wo das große Meer sei, an der Stelle des kleinen Meeres aber habe das Vieh gehaust. Jedenfalls müssen Häuser dort gestanden haben, denn alles ringsum ist ehemals bebaut gewesen. Auch führt eine alte Wagenspur in das große Meer hinein. Das große Meer friert in der Mitte niemals zu, und beide Meere sind unergründlich. Wenn man um Mitternacht hier vorbeikommt, kann man oftmals gespenstische Hahnenschreie und Hundegebell aus der Tiefe hervorhallen hören.
Das Sager Meer hat sumpfige, moorige Ufer, nur an einer Stelle ist die Zuwegung fest, und hier gehen große Wagenspuren in das Wasser, die die Sage vom versunkenen Dorfe entstehen ließen. Früher waren die Wagen nicht eisenbeschlagen. Man brachte sie daher bei anhaltender Dürre in Tümpel, Gräben oder Bäche, um insbesondere die hölzernen Räder vor dem Zusammenfallen zu bewahren. In Sage benutzte man dazu das Sager Meer. Da, wo es zugänglich war, fuhr man die Wagen ins Wasser, und so sind die Rinnen entstanden. Die Leute sagen auch, Napoleon sei in das Meer gefahren, als er von Rußland gekommen sei, daher die Wagenspuren.

Das verhexte Wagenrad

Vor vielen Jahren fuhren zwei Frachtleute aus dem Münsterlande nach Oldenburg. In Sage wurde bei einem Wirtshause ausgespannt, um zu füttern, und die Fuhrleute wollten auch essen und trinken. Als sie nun fertig waren und wieder anspannten, konnte der eine Fuhrmann seinen Wagen nicht von der Stelle bringen, soviel er die Pferde auch antrieb. Er ging um den Wagen und sah nach, und da er befand, daß alles in Ordnung war, ging er wieder in das Wirtshaus und fragte, ob jemand da sei, der seinen Wagen halte und ihn nicht fahren lassen wolle. Nun waren noch drei Fremde da, welche beim Feuer saßen, die fingen an zu lachen und meinten, er wäre wohl nicht recht bei Sinnen. Da sprach der Fuhrmann: „Ich sage es euch noch einmal im guten, laßt mich fahren, oder es soll euch gereuen!“ Aber die Fremden lachten nur noch mehr. „Gut“, sagte der Fuhrmann, „so will ich es euch auf einmal ablehren, damit ihr künftig jeden ruhig fahren laßt!“ Er ging wieder zu seinem Wagen und versuchte es noch einmal, und als er ihn wieder nicht von der Stelle bringen konnte, ergriff er die Axt, die er unter seinem Wagen hängen hatte, und schlug damit eine Speiche am Wagenrad in Stücke. In demselben Augenblick fiel einer der Männer, welche drinnen im Hause beim Feuer saßen, mit dem Stuhl um und fing laut an zu schreien, denn sein Bein war in Stücke geschlagen. Der Fuhrmann aber legte die Axt ruhig an ihren Platz und fuhr weiter, und die Pferde zogen den Wagen jetzt auch so leicht wie vorher.

Visbeker Braut und Bräutigam

In dem Dorf Ahlhorn lebte vor langer Zeit ein reicher Bauer namens Erdmann. Er besaß fünf Pferde, fünf Kühe, fünf Schweine und hundertundfünfzig Schafe. Aber lieber als sein Hab und Gut war ihm seine einzige Tochter Gretchen, die er wie seinen Augapfel hütete. Es verdroß ihn sehr, daß sie niemand anderen zum Spielgefährten haben wollte als Konrad, den Sohn eines armen Nachbarn. Die beiden Nachbarskinder waren unzertrennlich und mochten einander von Jahr zu Jahr lieber leiden. Als sie herangewachsen waren, versprachen sie sich, Mann und Frau zu werden. Der alte Erdmann brauchte Konrads Hilfe beim Pflügen und Säen, beim Eggen und Mähen. Doch wenn der Junge auch noch so fleißig gearbeitet hatte, er bekam keinen Dank und kein gutes Wort zu hören. Immer nur hieß es: „Mak gau to und kiek di nich um!"

Als das Kirchweihfest gekommen war, ließ der alte Erdmann anspannen und fuhr mit Gretchen nach Großenkneten. Gar zu gern wäre Konrad mitgefahren, aber er mußte zu Hause bleiben und das Vieh versorgen. Bei den ersten Klängen der Musik kam ein Bursche aus Endel im Kirchspiel Visbek auf Gretchen zu und forderte sie auf, mit ihm zu tanzen. Schon als er sie bei der Hand nahm, mochte sie ihn nicht, und sie sagte nur soviel, wie gerade nötig war. Aber er kam bei jedem Tanz wieder, und je wortkarger Gretchen wurde, desto mehr prahlte der junge Bauer aus Endel. „Ich heiße Jürgen", sagte er, „und wir haben sieben Pferde und sieben Kühe, sieben Schweine und hundertsiebzig Schafe. Und die Stüvenmühle an Engelmanns Bäke gehört uns auch noch dazu. Was meinst du, möchtest du nicht meine Frau werden?" Gretchen hatte genug von dem Prahlhans und dachte immer nur an ihren stillen und fleißigen Konrad. Auf der Rückfahrt von der Kirmes, als sie eine lange Strecke unter dem schützenden Laubdach einer Buchenallee fahren mußten, fragte der alte Erdmann, wer der nimmermüde Tänzer gewesen sei, und Gretchen erzählte ihm alles.

Eines Sonntagmorgens war Gretchen zur Kirche gefahren. Da ritt ein junger Reiter auf dem Erdmannshof ein, es war Jürgen Stüve aus Endel. Er hielt ohne viel Umschweife um Gretchens Hand an, und der Vater, hocherfreut darüber, einen reichen Erben als Schwiegersohn zu bekommen, gab ihm das Jawort. Als Gretchen vom Kirchgang zurückkam und erfuhr, daß ihr Vater sie gegen ihren Willen versprochen hatte, weinte sie bitterlich. Aber es half nichts; ohne sie zu fragen, wurde der Hochzeitstag festgesetzt. „Auf Wiedersehn!" rief der Bräutigam und schwang sich aufs Pferd, aber Gretchen erwiderte kein Wort und winkte ihm nicht nach.

Der alte Erdmann schickte zwei Hochzeitsbitter, mit bunten Bändern am Stab, von Dorf zu Dorf. Er ließ alle Verwandtschaft und Bekanntschaft in den Kirchspielen Großenkneten und Visbek zur Hochzeit einladen. Es sollte ein Fest geben, wovon noch Kinder und Kindeskinder sprechen würden.

Als der Hochzeitstag gekommen war, wurde die Braut aufs schönste geschmückt, und sie ließ alles willenlos geschehen. Dann bestieg der alte Erdmann mit ihr den Brautwagen, auf den die Brauttruhe mit Kleidern und Leinen, die Betten, das Spinnrad und alles, was zur Aussteuer gehört, gepackt wurde. Ein ganzer Festzug folgte dem Brautwagen zu Pferd und zu Fuß und bewegte sich fröhlich durch die blühende Heide. Von Endel aus ritt der Bräutigam mit den Seinen der Braut entgegen.

In der Ferne läuteten die Glocken der Kirche zu Visbek.
Da richtete die Braut sich im Wagen auf und flehte ihren Vater an:
„Laßt uns umkehren, noch ist es Zeit. Ich mag ihn nicht und will ihn nicht; ich liebe einen anderen!“ Aber der Alte trieb die Pferde mit der Peitsche nur zu schnellerem Lauf an. Da rief Gretchen laut:
Haltet ein, haltet ein!
Lieber werde ich zu Stein,
als daß ich werde sein!
Plötzlich zuckte ein Blitz, und zugleich ertönte ein furchtbarer Donnerschlag. Die beiden Brautzüge standen in Stein verwandelt da; man nennt sie Visbeker Braut und Bräutigam.

Sonnenstein vor dem Amtshof in Harpstedt

Samtgemeinde Harpstedt

Simon von Beckeln

Amtmann Redeker hat vor 250 Jahren eine „Chronik von Harpstedt" geschrieben und darin auch die Sage von Simon von Beckeln erzählt. Dies ist wahrscheinlich die älteste Fassung der Sage überhaupt. Sie wird hier fast wörtlich wiedergegeben.
„Um das Jahr 1400 stürzte sich Simon, Erbherr zu Beckeln, in das äußerste Unglück. Es hatten ihm nämlich die dienstpflichtigen Bauern seines Gutes in der Ernte den schuldigen Dienst geleistet, und er mußte sie dafür bewirten. Simon hatte seinen Leuten versprochen, er wolle ihnen außer den üblichen Gerichten noch einen Hasen zurichten lassen, wenn sie sich fleißig erzeigen würden. Die Leute waren rechtzeitig mit der Arbeit fertig und bekamen ihre Mahlzeit und dazu den versprochenen Hasen in einem Gericht von dunkler Brühe.
Nachdem alles verzehrt war, kam der Edelmann zu den Leuten mit einer zugedeckten Schüssel und fragte sie, ob sie wohl wüßten, was sie gegessen hätten. Dann zeigte er ihnen in der Schüssel Kopf und Füße einer Katze und bemerkte dazu, das hätten sie zu sich genommen.
Drauf entstand unter dem Volke ein großes Erbrechen, und alle drohten, sie wollten sich wegen solcher Schrecken auf das heftigste rächen. Es geschah solches auch auf grausame Weise. Etliche junge Kerls, die dabeigewesen waren, verbündeten sich mit einem Schwur, dem Edelmann das Leben zu nehmen und sein Gut in Brand zu stekken. Jenes verhütete Simon durch seine Flucht. Das Gut aber mit allen Gebäuden, außer einer Kornmühle an der Mündung des Koppelbachs in die Delme, wurde in Asche gelegt. Der Edelmann begab sich mit den Seinigen nach Wildeshausen in das Stift der Alexanderkirche, übergab dem Stift sein adeliges Gut und erhielt dafür Unterhalt und Schutz. Graf Otto II. zu Hoya und Bruchhausen wollte in diesen Handel seines Landjunkers und Vasallen nicht einwilligen, und es kam zum Prozeß, welcher 50 Jahre währte. In dieser Zeit lag das adelige Gut wüst, so daß alle Länderei zu Heide geworden. Endlich erhielten die Geistlichen den Sieg dergestalt, daß das Gut zum Meierhof gemacht wurde und die Meier ihre Abgaben an das Stift geben mußten."

Die Sage von Simon von Beckeln hat auch Hermann Löns gekannt und in „Mein blaues Buch" auf seine Weise erzählt.

Wenstedt, ein untergegangenes Dorf bei Harpstedt

Östlich der Landstraße von Harpstedt nach Ippener lag einst das Dorf Wenstedt, das häufig in alten Urkunden erwähnt wird. Hier hatte auch ein Rittergeschlecht seinen Wohnsitz, und jene Urkunden nennen als Angehörige dieses Geschlechts zuerst Gerhard de Wenstede und später Hinricus und Helingdagus de Wenstede. Viel fruchtbares Ackerland, Wiesen, Weiden und Wald hatten die von Wenstede und waren reich geworden. Allein dieser Reichtum gelangte den Rittern nicht zum Segen, verführte sie vielmehr zu Übermut und Untugend. Mit einer sechsspännigen

Kutsche fuhren sie über Land wie Grafen und verbrachten ihre Tage mit Jagen, Fressen, Saufen und allerlei Händeln. Die Bauernsöhne des Dorfes Wenstedt ritten bald stolz im Gefolge der Herren und überließen den Alten die Arbeit im Hause und auf dem Acker. Um das Gotteshaus in Harpstedt machten die Ritter und ihre Kumpane einen großen Bogen, sie saßen lieber in den Schänken von Wildeshausen und Oldenburg und vertranken und verspielten dort ihr Geld. Die alten Bauern von Wenstedt schüttelten ihre Köpfe über dieses Treiben und sahen mit Bangen in die Zukunft. Einige der de Wenstede sanken wegen ihres unmäßigen Lebens allzu früh ins Grab, andere kamen in Fehden um. Zuletzt waren nur noch zwei Brüder da, und die lebten in Haß und Streit beieinander, weil sie beide dasselbe vornehme Fräulein liebten. Doch wollte die Dame von keinem der wüsten Gesellen etwas wissen. Als die Brüder eines Abends nach Haus geritten kamen, der eine von Harpstedt, der andere von Delmenhorst her, gerieten sie wieder in Streit. Erst gab es böse Worte, dann zogen sie ihre Degen, und nach kurzem Kampfe lag der ältere Bruder sterbend am Boden. Den Mörder aber biß die Angst, daß er in seine Kammer lief, Geld und Schmuck zusammenraffte und in die weite Welt ritt. Von ihm gelangte niemals mehr eine Nachricht in das Haus seiner Väter.

Nachdem der tote Bruder, der Letzte des Geschlechts derer von Wenstede, begraben war, bot der Lehnsherr des Gutes, der Graf von Oldenburg, das schöne Besitztum seinen Vasallen an. Aber keiner wollte da wohnen, wo eine solche Untat geschehen war. Das stolze Haus verfiel, und die Äcker wurden nicht mehr bestellt. Es war, als habe Gott seine Hand von dem Dorfe abgezogen, wo ja so mancher an dem gottlosen Treiben der Herren teilgenommen hatte. Mißernten, Viehsterben und Krankheiten ließen die Bauern verzagen, und wenn sich eine Gelegenheit bot, anderswo eine Meierstelle zu bekommen, griffen die Wenstedter Bauern zu. Zuletzt wohnten, wie alte Aufzeichnungen berichten, in dem Dorfe nur noch „Schulenberghe to wenstede, de scomakere van wenstede mit vif grote, Johannes hus van Bremen to wenstede, der besette hus to wenstede, Warnke Rungghe to wenstede." Die letzten Bewohner mag wohl der Krieg vertrieben haben, und seitdem liegt die Stätte wüst.

Die Leute aus Harpstedt und den benachbarten Dörfern meiden die Stelle, wo das Dorf Wenstedt gelegen hat. Besonders zur Nachtzeit traut sich niemand allein hierher. Sie haben auch allen Grund dazu, hier ist es nicht ganz geheuer. Das mußte auch der Bürgermeister von Harpstedt, Dietrich Bitter, erfahren. Er hatte von Ippener aus Fahrgelegenheit nach Bremen gehabt und sich für die Zeit seiner Rückkehr den Fleckensboten Dietrich Menken, „einen betagten frommen Mann", nach Ippener bestellt, weil er nicht gern nachts allein durch den Wald gehen wollte. Als die beiden Männer am Rande des Forstes „Hagen" unter hohen Eichen dahinschritten und im hellen Mondschein ihrer beider Schatten vor sich sahen, bemerkte der Bürgermeister plötzlich einen dritten Schatten neben seinem eigenen.

Erschreckt drehte er sich zur Seite, aber da war niemand. Im Flüsterton fragte er seinen Begleiter, ob er den Schatten sehe. Menken antwortete kaum hörbar, er sehe den Schatten wohl. Da packte die beiden Harpstedter die Angst, sie fingen an zu singen „Gott der Vater wohn uns bei" und überwanden damit allmählich ihr Grauen. Der Schatten aber blieb bei ihnen, bis sie den Wald hinter sich hatten. Dann war er verschwunden.

Noch grauenhafter war das, was der Harpstedter Organist Hermann Hespe in der Spukgegend erlebte. Auch Hespe hatte von Ippener aus Wagengelegenheit nach Bremen gehabt. Ihn erwarteten bei seiner Rückkehr in Ippener zwei seiner Schüler. Als nun die drei in die verrufene Gegend gelangten, begegnete ihnen eine Kutsche, vor die sechs Pferde gespannt waren. Der Vorreiter, der Kutscher, die Leute in der Kutsche und die Diener hinten auf dem Wagen sahen die Wanderer mit starren Augen an. Alles, Pferde, Kutsche und Menschen, waren kohlschwarz. Um den Spuk zu bannen, stimmte der Schulmeister ein frommes Lied an, obwohl ihm das Herz bis zum Halse klopfte. Wirklich, das half, und das Gefährt und alle Gespenster brausten vorüber, und keinem Harpstedter geschah ein Leid. Die Knaben taten ganz unbefangen, als hätten sie nichts gesehen. Als Hespe dann die Jungen zu Hause befragte, stellte sich heraus, daß sie tatsächlich von alledem nichts bemerkt hatten.
Zu diesen Geschichten schrieb Amtmann Redeker, der Verfasser der Harpstedter Chronik: „Ich kann nicht leugnen, daß mich zwischen dem Hagen und der Wenstedt alle Zeit ein kleiner Schauder angetreten, welchen die Erzählungen und die recht triste Lage des Ortes verursachten“.

Anmerkung: Die Straße „Zur Wendstädt“ in Harpstedt erinnert an das (evtl. im 14. Jahrhundert) verschwundene Dorf.

Eine Sage von den Reckumer Steindenkmalen

Zwei Schäfer, die auf der weiten Heide bei Reckum regelmäßig ihre Schafe weideten, trafen an den hügeligen Hängen der Hunte öfters zusammen, um sich den langen, einsamen Tag durch Rede und Gegenrede zu verkürzen.
Einst hatten sie sich wieder getroffen und im Schatten eines Eichenbusches vor den sengenden Strahlen der Mittagssonne Schutz gefunden. Da summte ein Bienenschwarm heran und hängte sich an einen Zweig des Busches. Dieser Bienenschwarm wurde den beiden Schäfern zum Verhängnis; denn jeder wollte ihn zuerst gesehen und somit alleiniges Besitzrecht an ihm haben.
Darüber ging die Freundschaft in die Brüche. Der Bienenschwarm wurde aufgestört und flog über die Hunte nach Pestrup. Scheltend und fluchend gingen die beiden Schäfer auseinander. Jeder sammelte seine Herde, um die Stätte des Unfriedens zu verlassen.
Aber noch immer flogen Scheltworte hinüber und herüber. Da schrie der eine seinem Gegner zu: „Ik woll, dat du as en griesen Steen dar sitten bleevst!“ – „Un ick woll, dat du mi ewig Sellskopp doon mößt“, erwiderte der andere. Da wurden sie plötzlich mit ihren Herden zu Stein.
Alle hundert Jahre, um die Zeit der Heideblüte, löst sich für eine Nacht der Zauber. Dann ziehen die Schafe im Mondlicht über die Heide. Die Schäfer aber stehen mit drohend erhobenen Armen und setzen den alten Zank fort. Ehe jedoch der Morgen graut, erheben die Hähne in Reckum ihre Stimme und krähen: „Joe Tied is vörbi!“ Dann sammeln sich die Schafe und alle werden wieder zu Stein, bis nach abermals hundert Jahren das Leben aufsteigt in den grauen Blöcken.

Die Riesen an der Hunte und die Reckumer Steine

Nach einer anderen Sage sollen Riesen die Steindenkmale aufgetürmt haben. Das wird so erzählt:
Vor vielen Jahren hausten zwei Riesen an der Hunte. Der eine wohnte am rechten Hunteufer nahe der Dehmse, der andere da, wo später das Dorf Kleinenkneten erbaut wurde. Sie hielten gute Nachbarschaft und halfen einander mit Werkzeug aus. Nun besaßen die Riesen nur eine einzige Axt. Die brauchten sie oft, um Holz für ihre großen Backöfen zu schlagen. Wer aber die Axt gebraucht hatte, der legte sie an einer bestimmten Stelle am Ufer der Hunte nieder. So wußte der andere immer, wo die Axt zu finden war.
Eines Tages hatte die Hunte gerade Hochwasser, und der Kleinenknetener patschte durch den Fluß und füllte sich seine Riesenstiefel gehörig voll Wasser. Er schüttete die Stiefel am diesseitigen Ufer mit einem gewaltigen Schwung aus. Da kam nicht nur Wasser aus den Stiefeln, sondern auch Sand und die vielen Steine, die noch heute im Wald und auf der Heide bei Reckum umherliegen.
An einem schönen Sommertage trafen sich die beiden Freunde zufällig bei der Axt. Vielleicht war es ihnen zu heiß zur Arbeit, genug, sie legten sich in den Schatten hoher Eichen und ließen ihre langen Beine ins Bett der Hunte baumeln. Als sie sich alles erzählt hatten, was es zwischen Hunte und Dehmse Neues gab, fingen sie aus Langeweile an, mit den großen Steinen zu spielen. Zuletzt packten sie die größten Steine zu zwei gewaltigen Kammern aufeinander. Sie sind noch heute da, nahe bei dem Dorfe Reckum. Nach diesem Orte heißen sie denn auch „Reckumer Steine“.

Großsteingräber bei Reckum

Gemeinde Hatten

Barneführer Holz

Vor vielen Jahren stand zwischen Sandhatten und Streek, wo heute das Barneführer Holz sich ausdehnt, die Burg der Ritter von Barnefür oder Bernefür; ihnen gegenüber auf der anderen Seite der Hunte wohnten die Ritter von Westerburg und Sannum. Ihre Burgen sind längst vergangen, und man weiß nicht einmal, wo sie gestanden haben; aber vom Leben und Treiben der Junker gehen noch allerlei Geschichten um.
Der Ritter von Barnefür und der von Westerburg befehdeten sich häufig, wobei die Landleute beiderseits der Hunte viel zu leiden hatten. Wenn die Ritter einen Zug unternahmen, ließen sie den Pferden die Hufeisen verkehrt herum anlegen, um die Verfolger irrezuführen. Schließlich wurde der Junker Barnefür besiegt und seine Burg geschleift. Seidem gibt es in Barnefürs Holz das schreiende oder schrauen Ding. Niemand hat es je gesehen, aber viele haben es im Walde gehört. Es brüllt so laut wie ein Ochse, und dabei braust und knattert es in den Bäumen, daß einem angst und bange wird.

Andere erzählen, ein Junker von Barnefür sei beim Kartenspiel mit dem Hausmann Rinderhagen vom Rinderhagenhof und mit einem anderen Bauern aus Sandhatten in Streit geraten und dabei erschlagen worden. Weil der Junker kinderlos war, erbten seine beiden Schwestern, zwei alte Jungfern, seine Burg und Barnefürs Holz. Aber sie trauten sich die Verwaltung des großen Besitzes nicht mehr zu und boten ihn den Hausmann Rinderhagen unter der Bedingung an, dem er bis zu ihrem Tode für ihren Lebensunterhalt sorgte. Rinderhagen jedoch lehnte es ab, worauf sie dem Grafen von Oldenburg das Holz anboten. Der Graf war bereit, ihnen das Totenbrot zu gewähren, und so kam Barnefürs Holz an die Landesherrschaft.

Noch andere behaupten, daß Rinderhagen das Angebot der Schwestern Barnefür angenommen und so das schöne Holz erworben habe. Später habe dann ein Nachkomme von Rinderhagen Barnefürs Holz dem Grafen Anton Günther angeboten, und dafür habe der Graf ihn als Förster eingesetzt. Als gräflicher Förster hatte er Kleidung und Unterhalt auf Lebenszeit und durfte jedesmal, wenn er in der Stadt war, an der Hoftafel speisen. Daß Rinderhagen der Landesherrschaft Barnefürs Holz übertrug, geschah aus Ärger über seine Töchter, die nicht nach Vaters Wunsch geheiratet hatten und ihn schlecht behandelten.

Von Taterjan und den Tatern

In alter Zeit trieb sich in der Hatter Wüsting ein sonderbares Heidenvolk herum, die Tatern genannt. Die zogen im Sommer nach der Holler Wüsting und lagerten sich zur Winterzeit im Streek bei den Osenbergen. Für die Bauern ringsumher waren die Tatern eine wahre Landplage, denn sie stahlen gerne Eier, Hühner und Enten, obwohl sie in der Hauptsache von gebratenen Igeln und Krähen lebten. Im Winter, wenn es sehr kalt war, fragten sie auf Grambergs und Rinderhagens Stelle nach, ob

sie in der Scheune oder auf der Diele kampieren dürften. Das wurde ihnen immer genehmigt, denn die Bauern hatten Angst vor den Tatern und wollten es nicht mit ihnen verderben.
In einem grimmig kalten Winter hausten die Tatern wieder einmal in den Scheunen von Streek. Als der Bauer Gramberg des Morgens Stroh holen wollte, saß das Taternvolk um ein starkes Feuer, das sie auf dem schmalen Durchgang in der Scheune angezündet hatten, und die Flammen prasselten bis an das Strohdach. Da fing der Bauer an zu schelten, weil er fürchtete, daß Scheune und Haus in Brand geraten würden, und verlangte, daß sie auf der Stelle das Feuer löschten. Aber die Tatern lachten ihn aus und sagten: „Unser Feuer brennt nicht", und wirklich ging alles gut. Das sprach sich bald in Streek herum, und jedermann wollte das wunderbare Taternfeuer sehen.
Der Häuptling der Tatern hieß Taterjan. Sein Gesicht war gelbbraun wie Pfannkuchen, und seine rechte Hand war viel größer als die linke, aber sein linker Fuß war größer als der rechte. Er wurde sehr alt und überlebte die meisten. Alle, die vor ihm gestorben waren, hatten sich selber ihre Sterbekuhle graben müssen, sobald sie nicht mehr laufen konnten. Darin hatten sie sich hinlegen müssen mit einem Stück Brot in der Hand, und die anderen hatten sie mit Erdschollen zugeworfen, waren um die Kuhle herumgehüpft und hatten gesungen:
Duk unner, duk unner, de Welt is di gram.
Du kannst nich mehr läben,
du mußt der nu ran.

So starb Taterjan jedoch nicht. Er wurde eines Morgens vor Heinemanns Haus in Wüsting–Wraggenort tot aufgefunden. Man legte seine Leiche auf eine Leiter, und alle Bauern in Wüsting mußten ihn feierlich zu Grabe tragen. Er wurde auf dem Heidenfriedhof auf dem Erdbrand bei Hahnenkampshöhe beerdigt. Diese Stelle galt nachher als ein unheimlicher Ort. Beim Plaggenmähen hüteten sich die Bauern, Taterjans Grab zu nahe zu kommen. Später hat man den Platz aus dem Gedächtnis verloren.

Der Schatzgräber in den Osenbergen

Tief im Berge,
wo die kleinen Zwerge
heimlich ihre Wohnung haben,
weiß ich einen Schatz begraben.

Den möchtest du heben?
Ei, gib acht!
Ich will dir sagen, wie man's macht.
Wenn Mitternacht den Wald durchweht,
wenn voll der Mond am Himmel steht,
dann sei am Platz.

Dann grabe, doch hast du ihn erschaut,
sei still, sprich keinen Laut,
mag kommen, was will.
Sprichst du ein Wort,
Gleich ist er fort.

Doch Schweigen, wahrlich, ist nicht leicht.

Denk an:
Einst hatte ein Mann
den Schatz erreicht
und stieß daran schon mit dem Spaten.
Da klangen lustig die goldenen Dukaten;
das Silber, es klirrte. –

Da plötzlich schwirrte
ein Wagen heran, gar zierlich und fein,
der ward von Mäuschen, weiß und klein,
an Stricken von Gold,
lustig bergauf, bergab gezogen.
Im Wagen saß eine Jungfrau hold. –

Das sauste, das brauste,
das krabbelte und zappelte.
Husch! War das Fuhrwerk vorbeigeflogen. –

Aber der Mann
grub emsig weiter, denk einmal an!

Da kam, geschmückt mit Panzer und Helm,
auf einem Böcklein geritten ein Reiter.
Der arme Schelm!
Lahm war sein Rößlein und konnte nicht weiter.
„He, Freund“, so sprach er, „kann ich den Wagen,
der hier vorbeifuhr, noch erjagen?“
Der andere lachte: „Seid ihr gescheit?
Der ist gar weit,
und sicher holt ihr ihn nicht mehr ein!“

Da poltert es zur Grube hinein,
ein höhnisches Lachen klang hinterdrein:
Der Schatz war fort. - - -
Hätt‘ er verschwiegen nur das Wort!

Kanzel in der St. Ansgari-Kirche Kirchhatten

Der Priestermord bei Sandhatten

Eine traurige Begebenheit aus alter Zeit.

Auf der vom Huntelauf gebildeten Halbinsel, der sogenannten Klausvögte, stand vor Jahrhunderten die St.-Nikolauskapelle, ein kleiner Backsteinbau mit Ziegeldach. Der heilige Nikolaus galt als Schutzpatron der Armen, Schiffer und Pilger. Im Inneren der Kapelle stand die Statue des heiligen Nikolaus von Myra, versehen mit Hirtenstab und hoher Bischofsmütze. Die Figur ruhte auf drei goldenen Kugeln, und davor lag ein Anker. Zu beiden Seiten des Altars waren an den Wänden Bildnisse aus dem Leben des heiligen angebracht.
In der Nähe dieser Kapelle wurde vor reichlich vier Jahrhunderten der geweihte Priester Nikolaus Kasselmann, gebürtig aus Wildeshausen, erschlagen. Dieser Priester war ein Anhänger der Reformation und hieß Luthers Gedanken über die Priesterehe gut: „Eine jegliche Stadt soll einen Pfarrer haben, und dieser Pfarrer soll nicht gezwungen sein, ohne ein eheliches Weib zu leben."
Priester Kasselmann hatte eine tiefe Zuneigung zu Heile Bydemdore, einer Schwester des Bürgermeisters Robert Bydemdore aus Wildeshausen. Wegen dieses Umstandes, und weil Kasselmann von der Mutter Bydemdore Geld für einen Kapellenbau gesammelt hatte, sollte dem Priester aufgelauert werden. Kasselmann weilte zu Besuch bei Magister Ummius Ulrich Ilksen in Oldenburg. Hier erreichte ihn ein Brief in dem

stand, daß seine Vertraute, Heile Bydemdore, bei ihrem Onkel, Bernd Klusener, auf dem Klusenhof bei Sandhatten zu Besuch sei und ihn bei der Kapelle treffen wolle. Die beiden Wildeshauser Bürgermeister Lickenberg und Bydemdore, vier Ratsherren und drei Stadtknechte lauerten dem Priester auf. Nachdem Kasselmann sich von Heile verabschiedet hatte, wurde er von dem Stadtknecht Heinrich Denker gestellt und erwürgt. Kasselmann lag ohnmächtig am Boden, die Zunge hing ihm aus dem Halse. Denker schnitt mit dem Messer die Zunge ab, und der Verstümmelte erstickte fast in dem Blutstrom. Um diese Qual zu beenden, schlug der Landsknecht Wilke Snoeken aus Cloppenburg dem Kasselmann mit dem Schwert den Kopf ab. Später wurde die Leiche gefunden, im Klusenhof aufgebahrt und dann auf dem Kirchhof in Hatten beigesetzt.
Für diese Mordtat und noch andere Verfehlungen wurde die Stadt Wildeshausen im Jahre 1529 durch das Femgericht zu Eichholz in der Veste Recklinghausen geächtet, so daß alle wehrhaften Männer ohne Urteilsspruch erschlagen werden konnten. Nach einem Gerichtsverfahren in der Stadt Wildeshausen ließ der Bischof von Münster, Friedrich der III. von Wied, den ersten Bürgermeister Jakob Lickenberg öffentlich hinrichten.

Tanz in der Leuchtenburg

Unsere Vorfahren waren sehr vergnügte Menschen und feierten auch ihre Feste. So geschah es bei einem Ball auf der Diele in der Leuchtenburg, daß zwei junge Männer in Streit gerieten und sich prügelten. Hierbei riß der eine einen Pfosten aus dem Stall und schlug damit auf seinen Kontrahenten ein. Nach Beendigung der Schlägerei bemerkte er, daß an dem Pfosten noch ein einjähriges Kalb angebunden war. In seiner Wut war er bei der Prügelei gar nicht dahintergekommen.

Schohusen

Bis in das 19. Jahrhundert hinein gab es zwischen Oldenburg und Wildeshausen nur wenige Möglichkeiten, die Hunte zu durchqueren, zu den wichtigsten zählte Schohusen. Im 17., 18. und 19. Jahrhundert unterhielten die Besitzer des Hofes Schohusen eine Hunte-Fähre. Aber auch vor dieser Zeit existierte hier eine Furt, die mit Zugtieren und Wagen benutzt werden konnte. Auch die Römer sollen die günstige Lage dieses Platzes schon genutzt haben. Der Besitzer des Hofes Schohusen fand nämlich im Jahre 1811 eine Statuette und 12 Opfermesser; alle Funde stammten einwandfrei aus der Römerzeit um die Jahrtausendwende.

Über den Ursprung des Namens „Schohusen“ wird in Strackerjans „Aberglaube und Sage“ folgendes mitgeteilt:

„Früher war Hatten der Kirchort auch für die südwärts der Hunte wohnenden Leute, und sein Boden galt diesen als heilig. Darum zogen sie, über die Hunte gekommen, die Schuhe aus, legten sie in einem an der Hunte stehenden Haus nieder und pilgerten barfuß weiter. Das Haus aber erhielt, der Schuhe wegen, den Namen „Schohusen“. Andere sagen, die Geschichte falle noch in die heidnischen Zeiten und die Münsterländer seien nach dem heidnischen Denkmal auf dem Steinberge, nordöstlich von Schohusen, gewallfahrt. Herr Referendar Schohusen berichtet: „Früher stand in Hatten eine Kapelle des heiligen Nikolaus. Die Leute, die dorthin wallfahrten, zogen, bevor sie eine Furt in der Hunte durchschritten und das heilige Ufer betraten, ihre Schuhe aus. Diese bewahrten sie regelmäßig in einem Hause, das sich bei der Furt befand, auf. Daher der Name „Schohus“.

De Eerdmanntjes in’e Osenbarge

De Eeerdmanntjes in’e Osenbarge seten tohoop in ährn groten Saal unner de Eer un keken benaut vör sik hen. Up’n Thron seet de König, neben em stunn de Minister, un vör em hurk de Hofnarr. „Wat maakt wi blot! Wat maakt wi bloot!“ stähn de Minister. „Dat is dien Sorg“, brumm de König.
Mit’n Mal keem dat Manntje Hannes rinstort un reep: „Us König, dar geiht’n Mann dor’n Busch, de seggt ümmer:
„Manntje, Manntje, hör mi an,
ik meen dat goot, mien lüttje Mann!“
„Och, de will blot Gold un Eddelsteen hebben“, meen de Minister. Man de König sä: „Willt mal sehn. Haal em rin, Hannes!“
„Dit Minschenpack vandagen!“ schimp de Minister. „Dat ward ümmer slimmer mit den Gestank un den Larm in us Riek. Güstern weern ’n paar hunnert van disse Stinkkarren hier. Papier un Dreck ward ümmer mehr. Gräsig sütt dat ut!“
„Ja, ja, us moje gröne Busch!“ klaag de König.
Do keem dat Manntje Hannes wedder rin, un achter em gung ‘n Keerl, de maak ‘n groten Deener vor den König un keek sik verwunnert um. „O“, reep he, „wo moi is dat hier! Wo blänkert dat van Gold un Edelsteen! Go’n Dag ok, Herr König!“ – „Wat wullt du hier?“ brumm de König. De Keerl sä: „Ik bün ‘n Schriewer van de Zeitung un wull van Jo een Interju.“ – „So’n Dings heff ick nich“, anter de König. – „Dat is ok kien Ding, is blot ‘n Snackeree.“
„Snacken is gering,
Doon is ‘n Ding“,
reep de Narr.
„Kummt ok noch“, sä de Schriewer. „Dat laat ik denn in’t Blatt setten. Draff ik Jo ’n bäten wat fragen?“
„Na, denn man to.“
„Wo lange wahnt ji al hier?“
Dat wuß de Minister: „Tokumm Harfst ward dat dusend Jahr.“ – „Süh“, reep de Schriewer, „heff ik mi doch dacht! Denn fiert ji woll ‘n groot Fest, wat?“ – „Wenn wi denn noch hier sünd“, sä de König, „denn woll.“
„Wat, ji willt doch nicht weg van hier?“ – „Kann licht so kamen.“
„Manntje, Manntje is ganz krank
van den Unrat un Gestank!“
kreih de Narr dartwüschen. Un de Minister schimp: „Ümmer mehr Hüser boot se

Urig gewachsene Eiche

duun an use Barge ran. Ähre Steenstraten loopt al bitt in usen Busch, un ähre Stinkkarrn verpest de Luft."
„Manntje, Manntje timpe te
deit dat Hart in'n Liev so weh.
Disse lüttje propper Wicht
hollt de Näs nu ümmer dicht."
So klaag de Narr. Un de König drauh: „Man wi willt us wehrn. De Mürgen un Miegemkens un Flegen un Bremchen un Immen willt us helpen. De willt in'n Sommer as dull up de Minschen losgahn. Ok de ole Hexe Barnefüer will us bistahn. Se will dusend giftige Slangen in'n Busch setten."
„Nä, sowat!" reep de Schriewer. „Dat ward ja rein slimm! – Man wenn dat allens nix helpen schull, wat denn?"
„Denn treckt wi van hier weg." – „Wor denn hen?"
„Na't Riesengebirge. Rübezahl weet al Bescheed, de will us geern hebben."
„Use Osenbarge ahn de lüttjen Eerdmanntjes", reep de Schriewer, „näh denn fehl dar doch ganz väl an!"
„Märken un Seggels verjagt ji,
nahst denn sitt ji un klagt ji,
blewen is blot de Profit,
bold ji markt, de is faken – man Schiet."

So meen de Narr. Awer de Schriewer sä: „Nä, so draff 't nich kamen. Ik will dat all in us Blatt setten." – „Pa, wat schull dat woll helpen?" froog de Minister. „O, dat gifft genoog Lü, de so denkt as ik", anter de Schriewer. „De rögt sik denn un helpt jo. Un to'n Fest in'n Harfst kaam ik wedder."
„Sünd wi al weg, denn hest du Pech.
Sünd wi noch hier, danzt mit de Hex Barnefuer!"
lach de Narr. „– Oha, dat weer nich –
Danzen mag se gar to geern,
is denn 'n lüttje moje Deern."
„Nu kiek an! To so'n Pläseer keem ik gern wedder her. Segg nu: Gah jo goot tohoop!"
„Ok so, Schriewer!" reep de Narr. „Man nu loop!"
De König kummandeer: „Interju is ut.
Hannes, bring em rut!"
Dat Manntje keem anlopen: „Maakt wi, us König, glieks is he buten." De Minister reep achteran: „Mußt ok goot de Döör afsluten!"

Rudolf Tjaden

Die Zwerge im Bümmersteder Krug

Der Dorfkrug zu Bümmerstede war Jahrhunderte hindurch im Besitz von ein und derselben Familie. Die Wirtsleute hatten ein gutes Auskommen; das kam daher, daß sie selber ein vortreffliches Bier brauten. In alter Zeit kehrten in diesem Wirtshaus nicht nur die Menschen durstig ein, sondern auch die Zwerge aus dem benachbarten Osenberge.
Als Anno 1653 der hessische Geschichtsschreiber Johann Justus Winkelmann auf seiner Reise nach Oldenburg von der Nacht ereilt wurde, mußte er im Bümmersteder Dorfkrug, nur eine Stunde von der Stadt entfernt, Quartier nehmen. Der hundertjährige Kröger setzte ihm eine Kanne eigengebrautes Bier vor, aber sie wollte dem Reisenden nicht schmecken, bis der Alte sich zu ihm setzte und ein Gespräch anfing. Da spitzte Winkelmann die Ohren, denn er bekam allerlei seltsame Dinge zu hören: Sein Vater habe ihm erzählt, so begann der alte Kröger, daß bei seines Großvaters Zeiten die Erdmännchen aus dem Osenberg gekommen seien und das frischgebraute Bier noch warm aus der Bütte geholt hätten. Zwar hätten sie mit unbekanntem Geld bezahlt, aber es sei von gutem Silber gewesen. Einmal, so fuhr der Alte fort, sei ein altes Männlein in der heißen Jahreszeit zum Bierholen gekommen, brachte selber einen großen Durst mitgebracht, reichlich getrunken und sei fest eingeschlafen. Als es nun erwacht sei, habe es jämmerlich an zu weinen und zu klagen begonnen: „Ach, ach, nun wird mich mein Großvater schlagen, weil ich so lange fortbleibe." Dann habe es sich hinterm Ohr gekratzt und sei eilends auf und davongelaufen. In seiner Aufregung habe es den Krug zurückgelassen, und kein Zwerg habe ihn je wiedergeholt.
Dieser Krug vererbte sich im Wirtshaus von einem Geschlecht zum anderen, und solange er im Hause war, hatte die Wirtschaft guten Verdienst. Zuletzt zog ein Schwiegersohn ins Haus, und auch da hatten alle Nahrung vollauf. Erst vor kurzem, so

schloß der alte Kröger seine Erzählung, sei der Krug zerbrochen, und seit dieser Zeit gehe alles im Krebsgang. Heute ist der Bümmersteder Krug allerdings wieder ein vielbesuchtes Gasthaus.

Der böse Mann von Schohusen

Auf dem Hof Schohusen lebte in alter Zeit ein böser Mann, der nicht viel nach Recht oder Unrecht fragte und anderen Leuten manchen Schaden zufügte. Ohne seine Sünden zu bekennen oder zu bereuen, schied er aus dem Leben und mußte als Wiedergänger immer wieder an den Stätten umhergehen, wo er gefrevelt hatte. Obwohl er geräuschlos herumspuckte und niemandem etwas zuleide tat, erschraken die Leute doch stets, wenn sie ihn sahen. Als einmal zwei Pater aus dem Münsterland durch Schohusen kamen und sich erboten, den Wiedergänger zu bannen, versprach man ihnen einen guten Lohn.

Mit einiger Mühe jagten die Pater den Geist von unten nach oben mehrmals durch das ganze Haus und vermochten ihn schließlich in eine Schnupftabaksdose einzusperren. Darauf packten sie die Dose auf einen Wagen und fuhren damit zum Huntloser Brook. Die Pferde konnten das kleine Ding nur mit großer Mühe an den Bestimmungsort schaffen, und hätte der Fuhrmann auch nur einmal seinen Blick rückwärts gewandt, so hätte der Teufel ihm den Hals umgedreht. Die Pater bannten den Geist nun in den nassen Brook. Hier sollte er bleiben, bis er mit einem Eimer ohne Boden alles Wasser ausgeschöpft haben würde. Viele Leute haben ihn dort als graues Männlein gesehen, das gelegentlich auch seinen Kopf unterm Arm trug.

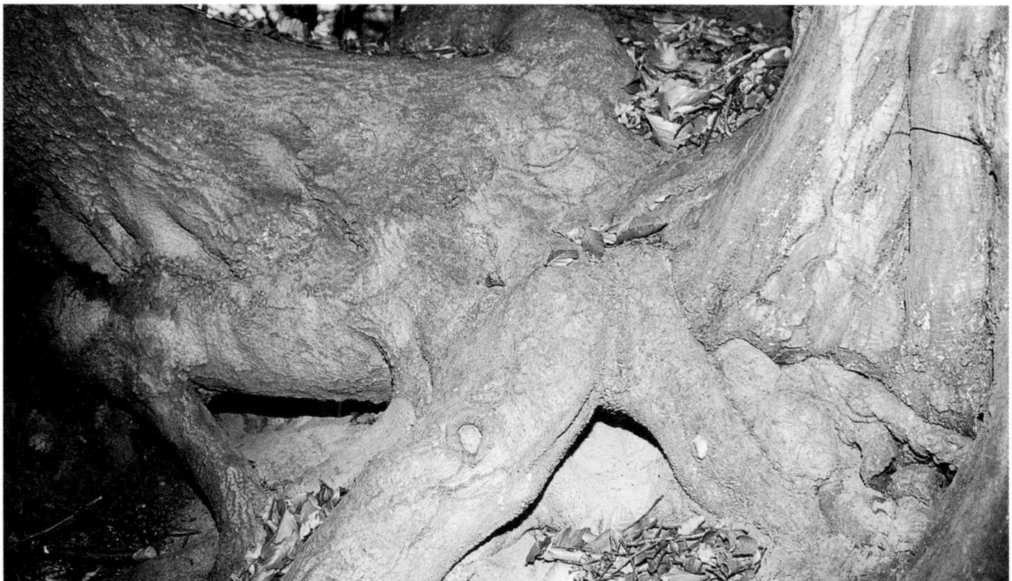

Wurzelwerk im Barneführer Holz

Wandbild in der St. Elisabeth-Kirche Hude

Gemeinde Hude

Vom Kloster Hude

Vor vielen hundert Jahren stand in Hude an der Stelle, wo heute Witzlebens Park und Garten liegen, ein großes Kloster des Zisterzienserordens. Es war der Jungfrau Maria geweiht und hieß deswegen auch wohl Marienhafe oder Mariendornbusch. Die Grafen von Oldenburg hatten den Bauplatz gestiftet, wodurch sie sich eine Grabstätte im Kloster sicherten. Die ersten Mönche hatten kümmerlich in kleinen Holzhütten gewohnt, aber die benachbarten Stedinger wollten von den grauen oder griesen Monniken nichts wissen und brannten ihre Hütten nieder. Nachdem aber die Stedinger von den Kreuzrittern besiegt worden waren, errichteten die Huder Mönche mit frischem Mut eine neue Niederlassung. Sieben Mönche pilgerten sieben Jahre lang durch die Lande und brachten von weit und breit her milde Gaben zusammen. An den waldigen Ufern der Berne gruben die fleißigen Brüder nach Ton und brannten daraus rote Backsteine und Dachziegel. Im Umkreis von zwei Meilen rings um Hude brachten die Bauern süße Milch, die mit Mörtel vermengt wurde, um ihn haltbarer zu machen. Zum Lohn erhielten die Bauarbeiter einen Scheffel Roggen. Allmählich wurde der Klosterbau in emsiger Arbeit höher und immer höher. Die Turmspitze diente den Seefahrern als Seezeichnen. Die Klosterkirche war herrlich gewölbt und mit bunten Glasfenstern verziert. Man erzählt, daß das Kloster in seinen besten Zeiten dreihundert Insassen gehabt habe, zehn Mönche, und der Rest dienende Laienbrüder.
Der Ast von Hude lebte wie ein kleiner Fürst. Er besaß zwei kluge Pferde, die so abgerichtet waren, daß sie ohne einen Begleiter zu kleinen Besorgungen nach Oldenburg und Bremen laufen konnten, wo der Abt ein Absteigequartier hatte. An diesen Pferden fand der Bischof von Münster ein besonderes Gefallen und bat den Abt, sie ihm zu verkaufen. Doch weder er noch die Mönche wollten die klugen Tiere abgeben. Da versuchte der Bischof es mit Gewaltboten, aber diese wurden vom Abt durch Bier und Wein abgelenkt oder ins Verlies geworfen. Da ergrimmte der Bischof und schickte seinen Drosten Wilke Steding, um die Mönche zu strafen. Weil die Mönche vor den

Soldaten des Bischofs große Angst hatten, entflohen sie durch einen unterirdischen Gang in das Nordenholzer Moor, wo damals noch ein großer Wald stand.
Der Drost erbeutete große Vorräte an Speck und Fleisch, Roggen und Hafer, Malz und Fisch und ließ das Kirchengerät nach Münster bringen. Das stolze Kloster wurde als Steinbruch benutzt und völlig zerstört. In den Klostertrümmern ist es nachts nicht geheuer. Man hat dort schon oftmals einen weißen Mönch herumlaufen sehen, der unter einer Fensterwölbung stehenblieb, Geld zählte und dann wieder verschwand.

Der Goldberg in Hude

In Hude gibt es einen Sandhügel, der im Volksmund der Goldberg genannt wird. Man erzählt sich, daß darin ein großer Schatz verborgen liege. Viele haben sich bemüht, ihn zu heben, aber es ist immer wieder mißlungen, weil die Schatzgräber ihren Mund nicht halten konnten, und gerade darauf kommt es beim Schatzgraben an.
Einst hatten zwei Brüder die Schatzkiste gefunden und zogen sie schon mit Stricken nach oben. Da sagte der eine: „Soweit haben wir sie, Gott sei Dank!" Im selben Augenblick rissen die Taue, die Kiste polterte wieder in die Tiefe, und das Loch füllte sich mit weißem Sand. Die Brüder machten sich aus dem Staube und haben es nicht zum zweiten Mal versucht, den Schatz zu heben.
Ein andermal hatten drei Bauern aus Vielstedt beschlossen, den Goldberg–Schatz zu heben, schulterten ihre Spaten und waren um Mitternacht zur Stelle. Sie waren schon ziemlich tief gekommen und stießen auf etwas Hartes. Da klapperte ein sonderbarer Wagen vorüber, der mit flinken Mäusen bespannt war und rasch verschwand. Obwohl die Männer sich darüber sehr verwunderten, sprachen sie kein Wort und gruben weiter. Schon hatten sie die Kiste freigelegt, als plötzlich unten am Hügel ein lahmer Ziegenbock sichtbar wurde, auf dem ein Reiter saß. Die Männer hörten auf zu graben, um das wunderliche Bild näher zu betrachten, denn so etwas hatten sie noch nicht gesehen. Der Reiter rief: „Hallo! Kann ich den Mäusewagen wohl noch einholen?" Da vergaß einer von den dreien die Schweigepflicht und rief: „Unmöglich!"
Vom Huder Kirchturm schlug die Uhr eins, da schloß sich die Grube, und die drei Bauern rutschten mit sanftem Nachdruck den Goldberg hinunter. Vom Bocksreiter und vom Mäusewagen war nichts mehr zu sehen und zu hören, aber oben auf dem Berg saß ein großer schwarzer Hund mit Augen, so groß wie Untertassen. Der bewacht noch immer den Goldberg.
Auch im Stedingerland war es bekannt geworden, daß im Huder Goldberg ein Schatz verborgen sei. In einer Vollmondnacht kam einer aus Berne, um ihn auszugraben. Er war überrascht, daß er gar nichts mehr zu tun brauchte, die Kiste stand schon oben auf dem Berg. Der Deckel war geöffnet, und das Gold und Silber glänzte im Mondenschein, aber daneben stand ein schöner großer Hirsch, als ob er der Wächter sei. Der Mann aus Berne ließ sich nicht bange machen und war seiner Sache so sicher, daß er vor Freude „Hallo" schrie und mit seinem Stock die Kiste berührte. Plötzlich war alles verschwunden, und er hatte das Nachsehen. Der Schatz aber wartet noch immer auf die Schatzgräber, die schweigen können.

Das schreiende Ding im Hasbruch

Vor langer Zeit stand im Hasbruch in der Heie, einem verlassenen Gehege unweit der Försterwohnung, ein schönes Schloß. Dort wohnte ein Edelmann oder Graf, man weiß es nicht mehr genau; aber es war ein sehr reicher Herr, und ihm gehörte der ganze Hasbruch und noch viel mehr. Er hatte einen Sohn, der es gar nicht abwarten konnte, den großen Wald mit der Jagd und den Grundbesitz zu erben. Jedoch der Vater war kerngesund und saß mit siebzig noch immer gut im Sattel. Mit fünfundsiebzig Jahren schoß er noch mit sicherer Hand einen Hirsch und machte keinerlei Anstalten, sich aufs Altenteil zurückzuziehen.

An einem Wintermorgen gingen alle Dienstboten nach Hude zur Kirche, und Vater und Sohn blieben allein im Schloß zurück. Der Alte saß am Kaminfeuer, bald nickte er von der Wärme ein und lag mit offenem Mund hintenübergelehnt im Sessel. Da faßte der Sohn den grausigen Entschluß, den Vater umzubringen, ohne sein Blut zu vergießen. Er griff den Grapen, der über dem Feuer stand, beim Stiel und goß dem Schläfer den kochenden Grützbrei in den Mund. Mit fürchterlichem Aufschrei nahm der Vater ein qualvolles Ende. Der Sohn hatte es nicht nötig, Blutspuren zu beseitigen, sondern brauchte von dem Toten nur die Breireste abzuwischen. Als das Gesinde von der Kirche heimkehrte, behauptete der Sohn, den Vater habe der Schlag gerührt, und jeder glaubte es.

Als der Alte beigesetzt worden war, meinte der Sohn, herrlich und in Freuden leben zu können. Aber ihn quälte das böse Gewissen, und der Sterbeschrei des Vaters klang ihm immer noch in den Ohren. Sein Geist umdüsterte sich von Woche zu Woche, und nach einem Jahr starb auch er. Er fand jedoch im Grabe keine Ruhe und kam jede Nacht in den Hasbruch zurück. Die Umwohner haben es oft gehört, wie sein Schrei durch den Wald tönt, so seltsam und markerschütternd wie der Todesschrei des Vaters. Man nennt diese Erscheinung das schreiende Ding oder kurzweg dat schrauen Ding. Wo es durch den Busch geht und Widerstand findet, krachen die stärksten Eichen zusammen.

Andere erzählen eine ähnliche Geschichte von zwei feindlichen Brüdern zu Lintel hinterm Reiherholz. Hier war der jüngere der Anerbe des Hofes, und der ältere gönnte ihm das Erbe nicht. Er tötete den schlafenden Bruder auf die gleiche Weise und mußte selber in Gestalt des schrauen Dings vom Reiherholz zum Hasbruch wandern. Sein Klagegeschrei erschreckt späte Wanderer.

De Arme–Sünder–Pfahl in der Wüsting

In alter Zeit war zwischen den Bauern von Lintel und Wüsting häufig Streit wegen der Weidegerechtigkeit und somit auch um die Scheidung zwischen den Kirchspielen Hude und Holle. Schließlich entschied das Siebengericht zu Harmenhausen in Stedingen, man solle von der Geesthöhe bei Lemmel – westlich von Lintel – ein Rad herunterlaufen lassen, und wo es umfiele, da solle die Linteler Weide ihr Ende haben. So wurde denn auch verfahren, und dabei kam der größte Teil der Wüsting zum Kirchspiel Holle und zur Vogtei Wüstenland. Später wurde auf der Scheidung zwi-

schen den beiden Kirchspielen ein Schottweg angelegt. Quer durch die Wüsting über Lintel nach Kloster Blankenburg verlief der Sommerweg der Post von Bremen nach Oldenburg; an diesem Postweg hat lange Zeit der Arme–Sünder–Pfahl gestanden.
An einem Tag, als die reitende Post unterwegs war, hatte ein Sattlergeselle aus Delmenhorst sich in der Wüsting versteckt und lauerte auf den durchreisenden Postillion, bei dem er schweres Felleisen voll Geld vermutete. Als nun der Postillion vorsichtig durch das Wüstingmoor ritt, sprang der Sattler aus seinem Versteck hervor, riß ihn vom Pferde und setzte ihm das Messer mit dem Ruf „Dein Geld oder dein Leben!“ auf die Brust. Obwohl der Postillion sagte, er habe alle Wertsachen im Mantelsack, und er solle sich alles nehmen, wenn er ihn nur am Leben ließe, stieß der Räuber dem am Boden liegenden Reiter die Klinge immer wieder in den Leib. Der Postillion schrie mehrmals um Hilfe, und zuletzt hörte man bis nach Lintel seinen Schrei: „Och Sattler, Sattler!“
Als das Pferd ohne den Reiter zum Linteler Krug zurückgekehrte, wußten die Linteler, daß der Postillion tot war. Die ganze Bauerschaft suchte den Mörder. Die Wut der Bauern war so groß, daß sie den Sattlergesellen an einen Marterpfahl auf der Scheidung banden. Jede Stunde bekam er einen Schlag mit einer Eisenstange versetzt. Dann übergaben sie den Mörder dem Gericht, und das verurteilte ihn zum Strang. Einige erzählen, der Sattler sei bei dem Arme–Sünder–Pfahl gerädert worden und habe lange auf dem Staken gelegen, den Raben zum Fraß.

Der Pastor von Hude

Der alte Pastor Lammers in Hude hat während des langen Zeitraumes von 48 Jahren der dortigen Gemeinde als Seelsorger vorgestanden. Als er nun endlich gestorben war und am nächsten Sonntage zum ersten Male der Gottesdienst ohne ihn abgehalten wurde, knackten alle Priecheln in der Kirche so stark, daß alles Volk im höchsten Schrecken hinauslief, denn es glaubte, da nun der alte Lammers tot sei, müsse auch die Kirche zusammenbrechen. Lange Zeit wagte sich kein Mensch wieder in die Kirche, und der sonntägliche Gottesdienst mußte mehrere Monate in einem Privathause gefeiert werden.

Lintel – Hude
Vom „schrauenden Dinges“

Hinter dem Reiherholze in der Nähe des jetzigen Dorfs Lintel wohnten vor langen langen Jahren zwei Brüder auf einem großen Bauernhofe. Der jüngste war, wie das in dortiger Gegend Rechtens ist, Anerbe der Stelle, war aber noch minderjährig, und sein Bruder führte über ihn die Vormundschaft. Beide lebten, solange der jüngste noch nicht zu seinen Jahren war, friedlich beieinander und genossen wegen ihres Fleißes und ihrer Eintracht allgemeine Achtung. Als aber der Volljährigkeitstermin für den jüngsten immer näher heranrückte, und der älteste den Tag kommen sah, wo seine Macht aufhörte und er aus einem Herren zum Knechte werden sollte, ward er ergrimmt und warf auf seinen Bruder einen bitteren Haß. Nun traf es sich an einem Sonntagmorgen, daß das Gesinde nach Hude zur Kirche gegangen war und nur die beiden Brüder zu Hause geblieben waren. Der jüngere hatte sich in einen Lehnstuhl hinter dem Herde gesetzt und war eingeschlafen. Als der ältere ihn so mit offenem Munde da liegen sah, übermannten ihn Haß und Habsucht. Er griff den Kessel mit kochendem Brei vom Feuer und goß seinem Bruder von der Speise in den Mund. Ein lauter entsetzlicher Schrei, einige gurgelnde Töne, und der Unglückliche war tot. Der Mörder ließ den Toten an seinem Platze, zündete sich eine Pfeife an und begab sich in den Garten, als ob er die Früchte besehen wolle. Seine List gelang. Als die Dienstboten von der Kirche kamen und den Toten fanden, glaubten sie, der Schlag habe ihn gerührt, und der Bruder wußte sich so zu verstellen, daß man keinen Verdacht auf ihn warf. Aber der Mörder hatte von nun an keine Ruhe mehr; überall glaubte er den letzten Schrei seines Bruders zu hören, und auch als er starb, fand er keine Ruhe. Jede Nacht muß er vom Reiherholze nach dem Hasbruch wandern, jenen entsetzlichen Schrei ausstoßend, und mit Grauen erzählen späte Wanderer von dem Ruf und dem schlürfenden Schritte jenes „schrauenden Dinges“.

Schlangenkönig

Ein Mann fand einmal im Hasbruch einen Schlangenkönig, dem nahm er seine goldene Krone. Da pfiff der König, und es erschienen viele, viele Schlangen, welche den Räuber verfolgten. Der eilte nach Hause, die Schlangen immer hinterdrein, und als er angekommen, ließ er seine Frau den Kleiderschrank öffnen, damit er sich verberge, denn er habe Böses getan. Aber die Schlangen kamen nach, umkrochen den Schrank, und durch das Schlüsselloch, und wo sie sonst eine Ritze fanden, hauchten sie ihn mit ihrem Gifte an. Als der Schrank wieder geöffnet ward, lag der Mann da, tot und greulich entstellt.

Alte Schmiedekunst in Hude

Hude - zwei Brüder

Zwei Brüder zu Vielstedt, im Kirchspiel Hude, waren den Tag über beim Pflügen auf dem Felde. Um die Mittagszeit waren sie hungrig und durstig, aber sie hatten nichts mitgebracht. So gingen sie denn in ein nahes Gebüsch, um wenigstens zu schlafen. Hier fanden sie jedoch zu ihrer Verwunderung einen Tisch, der mit Speise und Trank wohl versehen war. Sie setzten sich unverzagt daran und aßen und tranken, bis sie satt waren. Dann legten sie zum Dank einen Pfennig auf den Tisch und gingen wieder an ihre Arbeit. Als sie am Abend nach Hause kamen, fanden sie jedoch den Pfennig auf ihrem eigenen Tische liegen. Sie gingen nun in der Nacht wieder nach dem Gebüsche und fanden den Tisch auch noch vor, aber um den Tisch saß jetzt eine Gesellschaft von Unterirdischen. Stillschweigend legten sie den Pfennig auf den Tisch und kehrten nach Hause zurück. Aber auch diesmal fanden sie den Pfennig wieder vor, und von nun an war es ein Heckpfennig.

Der Glockenturm, Wahrzeichen Wardenburgs

Gemeinde Wardenburg

Der Name Wardenburg

Während des Dreißigjährigen Krieges kam der General Tilly mit einer Armee in das oldenburgische Land und bezog in der Nähe der Hunte, da, wo jetzt das Dorf Wardenburg liegt, ein Lager, das er durch eine Wagenburg schützte und, weil es so befestigt war, die Warteburg nannte. Als Tilly wieder nach geraumer Zeit abzog, blieb eine Menge des Trosses von Männern, Weibern und Kindern zurück und siedelte sich an der Stelle der Warteburg an, und das entstandene Dorf erhielt den Namen Warteburg, aus welchem nachher Wardenburg ward. Daß es in Wardenburg so viele Leute mit schwarzen Haaren und dunklen Augen gibt, erklärt sich aus ihrer Abstammung von den Gründern des Dorfes.

Hundsmühlen

Ein Mann bei Hundsmühlen, im Kirchspiel Wardenburg, ging eines Abends auf die Jagd. Nach längerer Wanderung im Mondschein erblickte er plötzlich einen Fuchs. Als er denselben näher ins Auge faßte, bemerkte er, daß der Schwanz des Fuchses immer größer und größer wurde und endlich die Länge eines Bindebaumes bekam. Der Mann wagte es, auf das Tier, das sich in Schußweite befand, zu schießen. Indem er aber abdrückt, fliegt die Erscheinung blitzschnell auf ihn zu und wirft ihn zu Boden, daß er die Besinnung verliert. Als er wieder zu sich kommt, sind seine beiden Holzschuhe kreuzweise durchgesprungen.

Der Böse

Ein Mann aus dem Kirchspiel Wardenburg war in großer Geldverlegenheit. Er mußte in Oldenburg eine bedeutende Summe bezahlen, und wenn er dies nicht an dem bestimmten Tag tat, verlor er seine Landstelle, verlor er Hab und Gut. Alle seine Bemühungen, das Geld zu erlangen, waren fruchtlos, und betrübt wanderte er am Morgen des Termintages noch vor Sonnenaufgang der Stadt zu, um sein Vermögen anzuzeigen. Da erschien ihm auf der Südseite zwischen Wardenburg und Tungeln der Böse und versprach ihm Geld zur Bezahlung aller seiner Schulden, eine ganze Tasche voll, wenn er ihm seine Seele verschreiben wolle. Lange kämpfte der Bauer gegen den Versucher, endlich unterlag er. Dem dargebotenen Gelde die Hosentasche öffnend, rief er: „Nu denn, in Gottes Namen herin!“ Der Böse warf das Geld hinein und verschwand. Als aber der Mann in Oldenburg das Geld aus der Tasche nehmen wollte, war diese voll Kot. Der Teufel hatte den Namen Gottes nicht ertragen können.

Das verlöschende Licht

Im Wardenburg kam einmal abends im Finstern ein Schmied mit seinen Gesellen aus der Werkstatt, um ins Haus zu gehen, weil es Feierabend war. Als sie nun vor den im Unterschlage befindlichen Fenstern waren, bemerkte der Meister durch dieselben auf der Hausdiele unweit des Herdfeuers, ungefähr in der Höhe eines Stuhles, ein kleines, zitterndes, dem Verlöschen nahes Flämmchen. Er blieb stehen, sah es genau an, merkte sich die Stelle und zeigte auch den Gesellen die Erscheinung. Dann gingen sie hinein. In der Stube fragte der Schmied die Hausgenossen, ob soeben jemand draußen auf der Diele gewesen sei. Aber sie verneinten es.
Kurze Zeit darauf wurde das kleinste Kind der Familie sterbenskrank und rang mit dem Tode, konnte aber gar nicht zum Sterben kommen. Die Mutter trug es auf dem Arme im Hause umher, um ihm frische Luft und Linderung zu verschaffen. Aber alles umsonst. Da fiel dem Vater das Flämmchen von letzthin ein. Er nahm einen Stuhl, stellte den an die ihm bekannte Stelle und bat die Mutter, sich dort einmal mit dem Kranken dorthin zu setzen. Sie tat es, und sofort ward das Kind ruhig und war nach einigen Augenblicken verschieden.

Der Teufelsbanner von Tungeln
Von Norbert Wagner

Unweit des Dorfes mit seinen verwischten Farben, die aus uralten, zur Erde geduckten Katen und stattlichen, langgestreckten Hofhäusern, aus kärglich lodernder Heideeinsamkeit und fahlem Buschland schwelen, birgt sich unter den knorrigen Armen zweier wuchtiger Eichbäume eine verwitterte schiefe kleine Hütte, der Wind und Regen schon manches Jahr übermächtig um Dach und Tür und Fensterscheiben getrommelt haben.
Die Stille dieser kleinen Hütte ist voll von Geheimnissen.
Fremder dunkler Mächte schauererregendes, frevelhaftes Spiel wabert in weitem Umkreis um den seltsamen, dem Verfall hingegebenen Unterschlupf, der abseits von lebendig flutenden Kreisen im Dorf, sich nicht an Straße noch Weg heranwagt, sondern sich zwischen Busch und Heidekraut verbirgt.
Einem bösen Gedanken am düsterem Ort entwachsen, so gleicht die Hütte einem Werk geheimnisvoller Mächte.
Es ist des alten Wickers, des Teufelsbanners Hütte.
Schon mancher Bauer und Knecht, manches Bauernweib und manche Magd haben sich zur dunklen und stillen Stunde hierhergeschlichen, ängstlichen Blickes suchend, ob ein Nachbar es sehe. Weiß doch der Alte in schwierigen und trüben Dingen, in schier Verzweifelungsvoller Not immer wieder einen guten Rat, heimlich zu befolgen, hat er doch stets ein Tränklein wider jeglich Unheil und jede Plage, ein Pülverlein gegen Abneigung, Nachbarsneid, wilder, unerwiderte Liebe und andere Unbilden, zur Hand.
Weit in Marsch und Moor hinein, in der nahen Stadt an der Hunte und Haaren, Oldenburg, bis zu den alten Höfen bei Wildeshausen hin, kennt man in jedem Hause den Teufelsbanner von Tungeln.
Seit Jahr und Tag, da der Mann plötzlich erschienen war und sich die kleine Hütte über Nacht zusammenklopfte, raunt es in den Dielen und in den Kammern aller Höfe von einem Unaussprechlichen. Greis und Kindlein, Mann und Weib wissen es genau, diesem Alten sind überirdische Kräfte gegeben. Hat er nicht hundertmal dem und dem auf wunderbare Weise geholfen, wenn keine andere Rettung mehr möglich schien?
Wie war es denn mit der alten Ploys–Anna? Als sie auf den Tod daniederlag, und ihr Gestöhne auf die breite dunkle Diele hinausdrang, da ist jener weise Mann gekommen, hat die Bauern ermahnt, stille zu bleiben, ist alsdann dreimal um das alte Haus gelaufen, hat mit den Händen wunderliche Zeichen in die Luft getan und dabei murmelnd einen unverständlichen Spruch hergesagt. Und die alte Anna ist doch noch zur Stund ruhig geworden, hat gar nicht mehr gejammert und immer nur stille dagelegen. Nachher hat sie noch ein volles Jahr ihr mühselig Leben gelebt. Ja, das kann doch nur auf wunderbare Weise zugegangen sein.
Bald darauf lag das kleine Kind der Lütjelüschen-Greta vom Fieber geschüttelt wohl ein halbes Jahr in seiner dunklen Kammer. Das erbarmungswürdige Schreien hat den Bauern gar manchmal ins Herz geschnitten, wenn er am Lüschenshof vorüber mußte. Immer schlug die Klage der verzweifelten Mutter an sein Ohr. Nichts hat mehr helfen können. Auch die guten Tränklein nimmer, die der Knecht aus der

Residenz Oldenburg aus der Ratsapotheke holen mußte. Auch der gräfliche Leibarzt hat ratlos am Bettchen gestanden und die arme Mutter nimmer trösten können. Viel Geld hat es den Bauern gekostet. Alle Mittelchen, die gute alte Leute wußten, hatten den kleinen Körper nicht aus den Schlingen des verderblichen Fiebers reißen können.

In der Stunde höchster Not war der Lüschenbauer heimlich zu dem weisen Manne gegangen, um ihm um Hilfe zu bitten. Der war gleich mitgekommen, hatte das Kleine angesehen und gesagt, daß es keine natürliche Krankheit habe, sondern angeblasen sei. Als der Alte seinen Lohn winken sah, da ließ er sich vernehmen, daß man sogleich von drei unberüchtigten Witwen um Gottes Willen eine Schnitte Brot erbitten solle. Die Greta ist gelaufen, von neuer Hoffnung erfüllt, und weil im Dorf zur nämlichen Zeit gar keine drei Witwen waren, von denen man nur Gutes gewußt, ist die arme Greta über steinige lange Wege, durch Busch und aufgeweichte Flur gehetzt, immer getrieben von der Furcht, es könne schon zu spät sein und nichts mehr ihr kleines vom Fieber gerütteltes Kind retten. In Littel und Sannum hatte die Greta Verwandte, und es waren Stunden bis dorthin. Zwei alte Frauen, denen sie ihr Leid klagt, bat sie um ein Stück Brot. Keine Ruh hat sie sich gegönnt, gleich wieder sich, zerrieben von der Hast und inneren Angst, auf den weiten beschwerlichen Weg gemacht, ist dahergelaufen wie irr, verschwitzt, verdurstet und endlich dem Bauer auf der Diele des Hauses in den Armen zur Erde geknickt.

Der Teufelsbanner aber hat das weinende Kind aus dem Bett gehoben und es draußen im fließenden Wasser im Namen Gottes, des Vaters, des Sohnes und des Heiligen Geistes gebadet, nachher hat er es wieder auf sein Lager niedergelegt. Das Brot aber hat er alsdann im selben Wasser durch ein Tuch gedrückt und dabei gesagt, wenn sich Haare darin fänden, so sei des Kindes Krankheit von bösen Leuten ihm angehängt.

Wie groß war das Erschrecken der Lüschens, als sie zusahen und mancherlei Haar in der Schnitte Brot fanden. Auf des weisen Mannes Rat mußte Greta nun vom Nachbarn ein Schweineherz erbitten, dahinein sieben Nähnadeln stecken und das gar seltsame Gericht in einem Topf über dem Feuer zum Sieden bringen. Greta, der Lüschenbauer und ein Teil Leute aus dem Dorf schauten erwartungsvoll zu und wichen jedesmal weit aus, wenn der Wicker bei seinen Hantierungen ihnen zu nahe kam.

Dann haben sie seine krächzende Stimme, knarrend wie Rabengekreische, in der spannungsgeladenen Stille vernommen. Langsam sprach er, während sein dunkler Blick unter den buschigen Augenbrauen die Anwesenden der Reihe nach durchbohrte: „Wann nu en Minsche in Hus kamt, so muß de dat syn, de dat Kinde betowert hadde."

Kalt befiel es die Lauschenden, Männer und Weiber.

Ein paar Minuten strichen hin. Dann pochte es hart am Hoftor. Ein Kreischen ging schrill durch die Menge. Alle drängten aneinander. Da ging mit festen Schritten Lütjelüschen selbst hin. In die Kehle fuhr es ihm stickend, ätzend, als draußen die Roßkampsche stand und nach der Greta fragte, die einen Krug von ihr entliehen habe, den sie nun selber nötig brauche.

Ja, so war es doch gewesen. Und hatte der Wicker nicht damals gesagt, daß es nun bald besser würde mit dem Kind? Und ist es nicht auch so gewesen?

Und wie ist es dann mit der Meyerschen zugegangen? Als das kalte Fieber die Frau gepackt und sie hinwarf. Da ist der Bauer alsbald in der anbrechenden Nacht zu der Wickershütte gerannt. Der weise Mann ist gekommen, hat ein Lammherz mit drei Nähnadeln durchbohrt, einen Stein dazugewickelt, das Herz alsdann zum Sieden gebracht und zu dem verzweifelten Bauern gesagt: „Wat dat hochkamt, is dyner Frauwe geholpen." Alsdann ist er, wie ein Schatten leise, dreimal ums Haus getappt. Sogleich hat sich die Frau wie rasend gebärdet, so daß der Bauer sie auf ihr Lager niederdrücken mußte. Aber bald darauf hat doch das ganze Dorf sie gesund umhergehen sehen. Der Wicker hat außer seinem blinkenden Lohn noch einen guten Schinken und einen großen Laib Brot davongetragen.

Wenn das Vieh krankte, hat er sich nicht Rat geholt von dem Hüttenmann? Hat nicht die alte Wübbeke allen, die es hören wollten, vor ihrem Tod berichtet, daß sie einmal gesehen, wie der Wicker Milch aus einem Baume gezaubert? Hat der Wicker dem Hövener Gutsherrn nicht vorausgesagt, daß seine korngefüllte Scheune niederbrennen würde? Hat der alte Meyer nicht gesagt, daß er den Wicker habe gesehen, wie er als ein lechzender Wolf zu nachtstürmischer Stunde um die Höfe strich?

Ja, all dieses ist wahr gewesen. Die Bauern haben es erlebt oder von ehrlichen Leuten vernommen. Und wenn auch ihr greiser Pfarrer Alardus Jeddeloh tausendmal wider den Wicker wütet und donnert und rast, bei ihnen steht es fest, daß der weise Mann die Dinge tun kann, die über eines einfachen Menschen Möglichkeiten hinausgehen.

Wieder ist es ein Sonntag. In das ehrwürdige Wardenburger Kirchlein drängen sich die Bauern. Der weißhaarige Pfarrer mit dem Glutblick steigt schwer auf die Kanzel hinauf. Liest mühsam verhalten den Text des Evangeliums.

Nun aber, als die Bauern zu ihm auflauschen, dröhnt seine Stimme wie ein Brüllen los. Eine Flut von Vorwürfen häuft er auf die Erschrockenen. Mächtig packt sein heftiges Wort sie an. Wie Posaunen stark und schrill schallt es durch das Kirchlein und klatscht auf die Bauern herab, daß sich keiner zu bewegen wagt. Ingrimmig faucht Alardus Jeddeloh sie an: „Ene Sünd ladet ihr auf euch, dat Gott euch erbarm. Ist dat en Christenminsche, so to den satanischen Wicker laufet un sich von Toweree un Biglauben beraten läßt? En Knecht laeset sich een Pulver gewen vor syne Liebde, dat sie eem ewig lieben soll, is dat nich Teufelswerk? Een Buhr holt sick for syne Kuh een Trunk, dat se eem alle Dag mehr Melk gewen schull. Is dat Vieh kranket, laufet eene Frauwe to dem Wickersschandkerl un holet sick enen teuflischen Spruch. Is dat een Christentum, frag ick?"

Zorn durchgrellt seine Stimme. Wie feuriger Hagel saust seine Rede auf die Lauschenden nieder. Alardus Jeddeloh fährt fort: „Is nit erst vor sechs Jahren die grausig Pestilenz geweset? Hawet ihr den Tilly vergeten? Vergeten de hundert Minschen, da an der furchtbaren Seuch un Plag geblieben syn? Fordet ihr allnu Godes hilligen Zorn herfür? Soll er een Füer vam Himmel schütten ower dat gräßlich Tun? Is dat nich Plag genug, de ihr habet?"

Eine lähmende Angst kriecht in den Bauernherzen hoch. Sie möchten sich wehren wider den Schwall der erbosten Rede, aber sie beugen sich tief unter ihrer Schuld, die sie jetzt schlägt, wissen sie doch, daß sie falsch getan haben seit manchem Tag.

Nach der Predigt strömt die Menge eiligst wie gehetzt aus der Kirche. Betroffen eilt alles den Höfen zu. Verdutzt wartet der Krüger auf sein Sonntagsgeschäft. Kein Mann läßt sich bei ihm sehen.

Die Wassermühle bei Wardenburg oberhalb des Vossenberges

An diesem Abend noch macht sich der Pfarrer auf. Ängstlicher Frauenblick folgt ihm hinter den Hoftoren her. Geradezu erschrocken aber sind die Leute aus Tungeln, als der alte Mann seinen Weg zur Hütte des Teufelsbanners nimmt.
Jetzt steht er vor der alten Hütte. Seinem Rufen antwortet nichts. Aber ein Geräusch drinnen ist dem Pfarrer nicht entgangen.
Da bricht sein Zorn los: „Elendicher, teuflischer Mann, du! Mit dynen freventlichen Künsten hebe dich hinweg von dieser Stadt. God ward dich richten, dat du de Minschen verderbest mit dynen schandbaren Werk. Rucheter, sollest drum ewich verdammt syn!"
Steil aufgereckt geht Alardus Jeddeloh hinfort. Bis zum Pfarrerhaus in Wardenburg hat er noch einen langen Weg. Wie ein giftiges Tier schlägt hinter ihm das höhnende Lachen des Wickers drein.

Folgenden Sonntag treibt die Jugend ihren Spott an Knecht und Magd, die, vom Pfarrer selbst ins Halseisen gepreßt, auf dem Wardenburger Kirchhofe den Bauern des Kirchspiels eine deutliche Warnung sind. Alardus Jeddeloh hat sie ertappt, als sie die Wickershütte verließen. Erst am Abend schließt der Küster die Entkräfteten, Gedemütigten los.
Der Wicker bleibt. Häufiger streicht er auf den Höfen herum. Da wendet der weißhaarige Pfarrer die letzte Hilfe an.
Aus Wardenburg und Tungeln, von der Westerburg, aus Littel und Höven, vom Gramberg, Rinderhagen und Streek her, aus Astrup kommen die Bauern in Scharen, gewärtig zu sein, wie der weise Mann sich mit Leichtigkeit wird des Pfarrers und seiner Helfer erwehren können. Wie er gewißlich mit einem furchtbaren Zauberspruch seine Feinde abschütteln und zur Erde schlagen wird. Der, mit dem er im Bunde, wird triumphieren.
Weit wogt der neugierige Kreis um die versteckte Hütte.
Aus der gräflichen Residenz Oldenburg sind ein Fähnrich und etliche Soldknechte gekommen. Alardus Jeddeloh drängt sich schon durch die Menge. Ist ihm recht, daß die Bauern so zahlreich erschienen sind, nun mögen sie schauen, wie jämmerlich es um die Zauberkraft des weisen Mannes gestellt ist.
Aber des Alten Auge zuckt drohend auf, als er jetzt der Knechte unrühmlich Gebaren bemerkt. Sie sind abseits getreten. Einer aus ihrer Mitte, ein hünenhafter Kerl, legt alle Waffen zusammen und tut, ein Waffenbeschwörer, gar wunderliche Zeichen darüber und murmelt halblaute Worte dazu.
Die Bauern sehen's. Der Pfarrer ringt eine verzweifelte Gebärde um die andere.
Der Hüne tappt wuchtig auf die Hütte zu. Rauch wallt ihm plötzlich daraus entgegen. Grünlicher Rauch, es zischt und knallt. Der Riese rüttelt an der kleinen Hütte, ein Ruck, ein Schlag, und die Tür birst in zwei Teile.
Draußen und drinnen stoßen Schreie aufeinander. Drinnen hebt ein Ringen an. Ha! Da zerrt der Gewaltige den winselnden Zauberer aus seinem modrigen Versteck.
Ein Gefühl des Mitleids flackert in den Bauern auf. Noch immer glauben sie, der Wicker werde den rauhen Knecht elend und kriechend machen. Sollen sie jetzt losbrechen und den Mann, der ihnen so oft geholfen, aus den Klauen des Hünen befreien? Sie tun's nicht. Etwas Unerklärliches bannt sie auf dem Platz, wo sie stehen.

Ihre Sinne sind verloren an das Schauspiel vor ihnen. Nun haben sie den Wicker gepackt und ziehen ihn fort.
Alardus Jeddeloh aber schwingt sich auf einen Stein am Weg und fährt die Bauern an: „Habet ihr allnu den Teufelsbanner gewahret? Is er etwa mit Füer un Rauch gehen Himmel fahren? Hadde er een Knecht vordervet? Ihr Abergläubischen! Gehet heim. Schauet, dat God euch een solches Christentum verzeihet."
Und während der Zweite Kreis Neugieriger zerbröckelt, Trupps erschrockener Bauern, Männer, Weiber und Kinder den Höfen zuströmen, läßt sich der weißhaarige Pfarrer vom Küster ein Holzscheit reichen. Feuer schlägt auf, Stroh flammt. Der Pfarrer wirft beides in die Hütte.
Noch lange leuchtet den Heimflutenden die brennende Hütte des weisen Mannes, des Teufelbanners von Tungeln.

Das Gottesgericht von Wardenburg

Die Zerstörung der Wallfahrtskirche

Anno 1538. Die jungen Grafen aus der Oldenburg hatten ein Fähnlein Knechte ums andere geworben und der Meute Gier gemacht nach manch fettem Braten aus dem Münsterland. Da sind sie aufgebrochen und haben dort mit großem Ungestüm Städte und Dörfer gar grausam heimgesucht. Vechta legten sie in Trümmer und Asche. Grausam gingen sie mit dem Volke um. Ein einziger Schrei der Angst und Verzweiflung zog durch des Bischofs Franz zu Münster Land. Da rief auch er fremdes Söldnervolk herbei. Seinem Feldherrn Johann von Raßfeld unterstellte er die Scharen, ein paar hundert Reitersleute und an die tausend Fußknechte.
Die zogen sengend und brennend heran. An einem kalten, frostigen Tag nahten sie sich Wardenburg. Der Weg war schlecht, und die Söldlinge fluchten und schalten lästerlich. Raßfeld ritt ihnen zur Seite, beschwichtigte das böse Blut, das nach schändlicher Tat lechzte. Denn ihre rohen Gesichter sagten ihm, dass sie einen blutigen Tanz vorhatten. Dafür war er nicht. Heimzahlen mußte man es den Oldenburgern, aber was sollte dabei alles vernichtet werden. Meist traf es ja doch nur den Bauern, die Herren fing man nicht.
Sie stapften an dem Weg vorbei, der von Wildeshausen auf die Straße stößt. Da ritt der Drost von Wildeshausen, Hinrich Schade, herzu und erbot sich einen kürzeren Weg durch das gefrorene Moor zu weisen. Johlend folgte ihm die Meute. „Wahrt euch, Bauern zu Wardenburg, Westerburg, Astrup, Gramberg und Streek! Verbergt nur gut Weib und Kindlein und Hab und Gut. Das Kriegsvolk, Gottes Geißel kommt über euch!"
Auf schmalem Pfad klirrte der rachelüsterne Zug dahin. Hinrich Schade hetzte vom Gaul herab. Die Wut verzerrte sein Gesicht, und seine Stimme überschlug sich oft. „Knechte", schrie er, „was die Oldenburger Herren zu Vechta und Wildeshausen geraubet und tumultieret haben, das mögen die feisten Bauern zu Wardenburg büßen. Reißt ihnen Katen und Häuser herunter! Schlagt das letzte Vieh tot, sie brauchen keines mehr. Und wenn sie allesamt einen Fußfall tun, es soll keiner von ihnen lebendig

Das wunderliche Wappen von der alten Hundsmühle. Es kam 1754 zur Mühle nach Wardenburg.

bleiben, denn ihr Maul stinket nach Lästerlichkeit. Wollen ihnen einen besseren Possen anhängen, als ihre Herren uns zu Wildeshausen und Vechta getan. Hört, ihr Knechte, alles müßt ihr umkehren, daß gar nichts bleibet!"
Johlend antworteten die Söldner. So war es ganz nach ihrem verruchten Plan. Der Drost hetzte ingrimmig weiter: „Wollen denen zu Wardenburg und Westerburg ein Stücklein aufspielen, daran sie lange denken mögen. Alles macht zur Asche, daß die ihnen gar in die Augen stiebt. Spannet die Mannsleut, die ihr etwa nicht ins Blut stoßet, vor die Wagen, daß sie uns die Beute heimwärts führen."
Mit Jauchzen vernahmen die rohen Knechte die grausamen Pläne. Der Drost war ihr Mann, der würde sie zu führen wissen. Wahrhaftig, das sollte ein lustiges Treiben wer-

den. Dann sahen sie Wardenburgs Höfe sich um die Kirche scharen. Eine schöne alte Wallfahrtskirche war's ein starker Glockenturm ragte daneben auf. Reiche Häuser zählte das Dorf. Hinrich Schade, dem der Feldherr freie Hand ließ, rief den Söldlingen zu: „Ich will mich in die Kirche schleichen, und so ihr die Glocken vernehmet, nur rasch herzu. Dann treibet das Volk zusammen, lasset mir aber keinen entkommen. Wollen ein Blutgericht halten, wie die Oldenburger keines gesehen. Alsbald, so ihr alle beisammen habet, werft Fackeln in die Häuser, wird uns gar prächtig warm werden dabei. Und nun passet auf!"

Er glitt vom Gaul herab und verschwand hinter Gestrüpp dem friedlichen Dorfe zu. Unterdessen standen die Knechte lauschend.

Da schlug eine Glocke mit einem Male wilddröhnend an. Auf den Höfen liefen die Bauern zusammen und eilten zum Gotteshaus, die Ursache solch hitzigen Geläutes zu erfahren. Kaum einer blieb daheim. Da prasselten von allen Seiten die fremden haßerfüllten Kriegsknechte herzu, und mit Schlagen und Stoßen trieben sie die erschrockenen Wardenburger vor der Kirche zu einem Haufen zusammen. Die wußten nicht, wie ihnen geschah. Aber schon ging ein blutiges Gemetzel an. Die überfallenen Männer wehrten sich mit den Fäusten, denn sie trugen keine Waffen. Die Rohlinge schleppten die Schreienden in die Häuser. Dann züngelten bald die roten Flammen aus den Reitdächern auf, und hoch quoll der dicke Rauch über Dorf und Landschaft dahin.

Der Drost Hinrich Schade war der Tollste fürwahr. Mit dem Schwert fiel er die wehrlosen Bauern an, die sich verzweifelt zu retten versuchten. Einem Soldknecht entriß er die Fackel und stürmte in die Kirche. Johlend folgten ihm viele. Schade tobte gegen die Tür, bis sie zersplitternd auseinanderkrachte. Er stieß hinein in das dunkle Gotteshaus, den hinter ihm dreinstürmenden Knechten warf er das Altartuch und goldene Geräte zu. Er riß die Leuchter von den Wänden herab und trat darauf herum, daß die Söldner ihm wehren mußten. Ein Rasen und Tollen war über ihn gekommen. Bildnisse spaltete er mit dem Schwert und zerhackte sie unter Fußtritten, er schlug die schönen bunten Kirchenfenster in Splitter und zerstückelte hemmungslos das alte Kirchengestühl. Dann stürmte er zur Sakristei, fand den Kirchenwein, goß laut höhnend davon in einen Kelch und schüttete den schweren Trunk so gierig herunter, daß ihm das meiste davon über das rote verzerrte Gesicht lief und er laut schnaufte. Dann aber, mit einem Male stürzte er auf den Stufen des Altars nieder und wälzte sich auf den Steinen. Gräßlich fluchend und stöhnend riß der Tollende den Ornat von der Wand und warf ihn sich um die Schultern, taumelte wieder auf, aber schon überfiel es ihn wie lähmendes Grausen, und sein Gesicht entstellte sich. Seine Hände griffen irr in die Luft. Ein furchtbarer Schrei entrang sich der Kehle des Lästerers. Dann sprang er auf, faßte sein Schwert mit beiden Händen und begann damit auf alles einzuhauen, was um ihn war.

Schaudernd standen die Knechte um den Wahnsinnigen, ihnen war die Lust am Rauben und Morden vergangen. Eine furchtbare Ahnung überlagerte ihre Gebärden. Immer mehr füllte beißender Qualm den Kirchenraum. Der Drost hatte die Fackel ins Gestühl geschleudert und Stroh darum gehäuft. Die Kirche brannte. Vor der Glut wichen die Söldner zurück.

Draußen sammelte sich alles. Die Knechte hatten ihr grausiges Werk verrichtet. Eiligst warfen sie das unzählige geraubte Gut auf den Wagen. Da wankte eine gröhlende Gestalt aus der flammenden Kirche herzu. Der Drost.

Wie ein Teufel wütete er. Wirr hing ihm das angesengte Haar im Gesicht, das der Wahnsinn gezeichnet. Starr der Blick des Wütenden. Schade drohte den Knechten mit greulichen Flüchen, daß er sie über den Haufen rennen werde, wenn sie ihn im Stiche ließen. Da ergriffen die Beherztesten ihn und warfen ihn auf einen der Wagen. Er tobte und schlug mit den Fäusten um sich. Endlich zwangen sie den Irrsinnigen und banden ihn mit derben Stricken fest. Er zerrte unmenschlich an den Fesseln, der Schaum trat ihm vor den Mund, aus dem noch immer wilde Flüche drangen. Wie ein getroffenes Tier schrie er dazwischen auf, daß es den rauhen Knechten ins Mark ging. Mit den Zähnen biß der Tobende die Sprossen der Leiter durch, auf der sie ihn festgebunden hatten.
Gröhlend zogen die Münsterländer ab. Durch blutige Lachen, über starre Menschenleiber hinweg holperte der Troß, wieder ins Moor hinein. Zu ihnen stießen die Knechte, die Westerburg, Astrup und Streek heimgesucht hatten. Am Wege nach Wildeshausen schnallten die Rohlinge den rasenden Schade los und warfen ihn höhnend in den Graben. „Da schlaf dein Räuschlein aus, du Hitziger, magst gar lang daran zu tun haben“, riefen sie dem Elenden zu. Dann tosten sie weiter.
Wardenburg lag in rauchenden Trümmern. Das Gotteshaus zerbrochen, ausgeplündert und ausgebrannt am Boden. Wardenburg bot ein grausames Bild der blutigen Schlacht. Klagende Überlebende wimmerte zwischen den verkohlten Häusern.
Auf dem Weg gen Wildeshausen schleppte sich ein Wahnsinniger dahin. Die Tore der Stadt waren ihm verschlossen. Er ward gemieden wie die Pest und Gift von den Seinigen.
Vom Wardenburger Gottesgericht war im Lande noch lange Zeit die Rede.

Alexanderkirche

Stadt Wildeshausen

Der Name Wilshusen oder Wildeshausen

Visbek soll schon in heidnischen Zeiten bestanden haben, wovon auch noch die vielen alten Gräber mit Aschenkrügen in der Umgegend zeugen. Die Stadt Wildeshausen war noch nicht erbaut, vielmehr war jene Gegend noch wüst und waldig und voll Wild. Deshalb gingen die Männer von Visbek gerne dort jagen und bauten sich dort Jagdhütten und kleine Blockhäuser, die ihnen bei schlechtem Wetter Schutz boten.
Wenn sie nun von Visbek aus auf Jagd gingen, sagten sie: „Wi willt na de wilden Hüsen." Schließlich blieben einige Visbeker in den Jagdhütten an der Hunte wohnen, und daher entstand der Name Wilshusen oder Wildeshausen.
Am östlichen Rande von Wildeshausen ließ der mächtigste Mann im Lerigau und in Engern, Herzog Wittekind, einen hohen Berg von Sand aufwerfen. Dort erbaute er sich eine Burg, die den Übergang über die Hunte bewachte, und dort hat er des öfteren seinen Wohnsitz gehabt. Die Burg steht nicht mehr, aber der alte Burgberg heißt heute noch Wittekindsberg.

Widukind (Wittekind), der Sachsenführer

Was Sagen und Gedichte über ihn erzählen

Ein gewaltiger Herrscher bereitete der Freiheit der Sachsen ein Ende. Es war Karl der Große, der König der Franken. Die freien Sachsen wurden seinem großen Reiche einverleibt, und mit der Freiheit wurde ihnen auch der alte Glaube an die Götter genommen. Gewaltig war der Kampf, aber die Sachsen, in sich uneins, mußten der Übermacht ihres Gegners erliegen. Doch sie erlagen ruhmreich. Der Name ihres Führers, Widukind, wird heute an vielen Orten genannt und vermarktet. So wird auch die alte Stadt Wildeshausen und ihre Umgebung als „Wittekinds Heimat" bezeichnet.
Aber nur wenig ist es, was wir von dem Leben des „Herzogs" Widukind wissen. Die Sachsen waren des Schreibens nicht kundig, und die fränkischen Geschichtsschreiber haben uns über die Zeit vor und nach seiner Bekehrung nichts mitgeteilt. Es gibt keine Aussagen über sein Geburts- oder sein Todesjahr. Da aber seine Familie große Güter in der Gegend von Wildeshausen besaß, so dürfen wir annehmen, daß er aus diesem Teile des alten Sachsenlandes stammte. Das Land der Sachsen war in Gaue eingeteilt; an der Spitze eines solchen Gaues stand auch Widukind. Er war also Gaufürst, nicht aber erwählter Führer aller Sachsen, vielmehr wählte jeder der drei sächsischen Stämme aus der Mitte seiner Gauführer einen Herzog. Da aber Widukind ein gewaltiger Mann, ein geborener Herrscher war, so fiel ihm die Führung seines Volkes von selber zu. So oft auch Karl der Große die Sachsen niederwarf, immer wieder wußte Widukind sie zu neuem Widerstande anzufeuern. Wiederholt floh er nach Dänemark. Daraus darf man schließen, daß die Überlieferung, nach welcher er mit der Tochter des Dänenkönigs, Geva mit Namen, vermählt gewesen ist, eine geschichtliche Tatsache berichtet.
Überall im alten Sachsenlande leben Sagen, die uns erzählen von dem gewaltigen 31jährigen Kampfe der Sachsen um ihre Freiheit. Allein im Wiehengebirge, das auch Wittekindsgebirge heißt, zeigt man 14 sogenannte „Wittekindsburgen", die er bewohnt und auf denen er gekämpft haben soll.
Nach langen, langen Kämpfen konnte Widukind sich nicht verhehlen, daß weiterer Widerstand nutzlos sei, daß es ihm nicht gelingen werde, die Sachsen von der fränkischen Oberherrschaft zu befreien. So begab er sich denn mit mehreren fränkischen Großen nach Attigny am Aisne–Fluß in der Champagne. Hier hatten die Frankenkönige eine prächtige Pfalz, hier unterwarf sich Widukind dem fränkischen Herrscher, und hier ließ er sich 785 oder 786 n. Chr. taufen. Karl der Große vertrat dabei Patenstelle. Er war hocherfreut und bat den Papst Hadrian, ein allgemeines Dankfest zu veranstalten.

So erzählt die Geschichte von Widukinds Taufe und Bekehrung. Die Sage aber teilt uns noch folgendes mit:
Einst hatte sich der Sachsenherzog an einem heißen Sommertage auf der Jagd verirrt. Er spähte vergebens nach einer labenden Quelle aus. Endlich drohte er zu verdursten. Da gedachte er des Christengottes und sprach: „Wenn du der wahre Gott bist, so gib mir jetzt ein Zeichen!" Da stampfte sein Roß die Erde, und siehe, unter dem Hufschlag

entsprang ein lebendiger Quell. Da erkannte Widukind die Ohnmacht seines Gottes, betete den Christengott an und ließ sich taufen.
Eine andere Sage erzählt:
Einst drang Widukind verkleidet in das Lager der Franken. Unter seinem Pilgerkleide verbarg er einen Dolch, um Karl den Großen zu ermorden. Unter den Bettlern stand er vor der Tür der Kirche und harrte des Kaisers, der am Gottesdienste teilnahm. Da fiel sein Blick in das Innere der Kirche. Er hörte den frommen Gesang, er sah den Kaiser mit den fränkischen Großen vor dem Christusbilde knien und wurde von Rührung überwältigt. Der Gottesdienst war aus, Karl schritt mit den Seinen aus der Tür und musterte die Schar der Bettler. Verwundert schaute er dem hochgewachsenen, breitschultrigen Widukind in die blitzenden Augen. „Wer bist du?" redete er ihn an. „Du bist kein Mönch!" Da konnte Widukind sich nicht länger halten. Er warf den Dolch von sich, kniete nieder und sprach: „Ich will ein Christ werden!"
Nach der Bekehrung Widukinds traten viele Sachsen zum Christentume über. Karl der Große behandelte das Volk glimpflich und ließ ihm seine alte Verfassung. Widukind blieb im Besitz seiner Erblande. Wie er sein ferneres Leben verbracht hat, darüber schweigen die fränkischen Geschichtsschreiber. Auch sein Todesjahr wissen wir nicht, ebensowenig die Stätte seines Begräbnisses. Als Stätte seines Ruheortes wird die Kirche zu Enger in Westfalen genannt. Diese Kirche hat er gestiftet. Die Gehöfte ringsherum genießen seit alter Zeit besondere Freiheiten. Hier wohnen die sogenannten „Sattelmeier", die Nachkommen jener sächsischen Großen, die zur Gefolgschaft Widukinds gehörten. Im Chor der Kirche steht sein Grabmal. Auf demselben erblickt man die aus Sandstein gehauene Gestalt des Sachsenführers. Das Gesicht ist edel geformt. Über Schläfen und Ohren fällt das Haar. Der Mittelfinger der rechten Hand ist gekrümmt, wie es tatsächlich zu seinen Lebzeiten der Fall war. In früheren Zeiten war das Ganze sorgfältig in Farben gehalten, von denen noch die Spuren zu erkennen sind. Vielfach wurde nach seinem Grabe gewallfahrt. Sogar der Kaiser Karl IV. kam nach Enger, das Grab des Sachsenhelden zu besuchen. In seinem Gedächtnis wurde eine lange Reihe von Jahren hindurch der Tag der Begräbnisfeier begangen.
Die Sachsen aber konnten nicht glauben, daß ihr alter Herzog gestorben sei. Sie versetzten ihn in einen Berg, die Babilonie bei Lübbecke. Darin sitzt er und wartet, bis seine Zeit kommt. Eine Tür führt von außen in den Hügel und zu dem versunkenen Schlosse Widukinds. Gold und Silber und allerlei köstliches Gerät liegen auf dem Tische und hängen an den Wänden. Unter dem Tische ruht ein schwarzer Hund. Drei weißgekleidete Jungfrauen bewachen die Schätze. Manchmal zieht der Held mit seinem Gefolge auf weißen Rossen in das Gebirge. Dann wiehern die Rosse, die Hörner klingen, die Spieße blinken. Aber es bedeutet Krieg, wenn er so ausreitet.
Widukinds Geschlecht blieb auch in der Folgezeit hoch angesehen. Ihm gehörte Mathilde an, die Gemahlin Heinrichs des Ersten. Die Grafen von Oldenburg und also auch unser Großherzog stammten wahrscheinlich von Widukind ab. Geschichtlich läßt sich dies zwar nicht nachweisen, die Wahrscheinlichkeit ist aber sehr groß. Der Enkel Widukinds gründete in Wildeshausen das Alexanderstift und brachte die Reliquien des heiligen Alexander, die ihm der Papst geschenkt hatte, dahin. Späterhin verschwand die Widukind'sche Familie aus Wildeshausen. Das Gedächtnis des alten Sachsenführers aber bleibt in vieler Hinsicht erhalten.

Wandbild in der Alexanderkirche

Gebet der Sachsen zu Wodan

Heiliger, großer Wodan, hilf deinem bedrängten Volke!
Es nahen die Speere, dicht wie Schilf,
die Schilde wie eine Wolke.
Deine Eichen sollen nicht mehr stehen,
deine Runensteine untergehen,
deine Säulen in Trümmer zerfallen,
deine Schlachtengesänge verhallen.
Hilf unserm Herzog Wittekind
und uns freien, sächsischen Bauern,
auf heimischer Erde, freigesinnt,
bewahr uns vor Städten und Mauern!
Laß den Franken des Römers Art,
ob fremden Völkern verfechten,
uns sei die deutsche Sitte bewahrt
in allen Ehren und Rechten!

Minding, 1808 – 1850

Wittekinds Bekehrung

Ein Reiter ziehet des Weges entlang,
Vom Tal hinauf an den grünen Hang.

Ins Weite schauet er ernstgemut,
Auf des Rosses Hals der Zügel ruht.

Und langsam schreitet das weiße Roß,
Als ob's der Ernst des Reiters verdroß.

Das ist der Sachse Wittekind,
er wägt die Gedanken, forscht und sinnt:

„Wer weiß es recht, was schlichtet den Zwist,
sagt, welches der rechte Glaube ist?"

„Sind stärker die Götter, die wir verehrt,
ist's jener Gott, den der Franke lehrt?"

Wohl hat uns Wodans mächtige Kraft
Gedeihn gebracht und den Sieg verschafft.

Doch Karl auf der Franken Herrscherstuhl,
er warf in den Staub die Irmensul.-

Und solchen Gebarens frevelndem Spott
verlieh Gelingen der Christengott."

Ist er der Rechte? Des gebet mir,
Ihr Unsichtbaren, ein Zeichen hier!" –

Stillsteht und scharrt sein Roß auf der Stell':
Aus dem Felsen entspringt dem Huf ein Quell.

Vom Rosse wirft sich der Wittekind
Und trinkt des Borns, der sprudelnd rinnt.

Des Zweifels ledig ist da der Mann,
Ein Christ zu werden gelobt er an.

Die Mähre wurde von Mund zu Mund
allwärts bei Sachsen und Franken kund.

Und Wittekind ward getauft in dem Born,
Da ließ er vom grimmen Sachsenzorn.

Der gewaltige Karl stand ihm zur Seit'
mit Fürsten und Herren ein stattlich Geleit.

Er sprach: „Bis auf Kind und Kindeskind;
sei Herzog des Landes, Wittekind."

Nun trat zur Taufe das Volk heran,
zu dienen dem stärkeren Gott fortan. –

So lang war stets im Sachsenpanier
ein schwarzes Roß Feldzeichen und Zier.

Ein weißes trat hinfür in die Stell',
Das gemahnt an den hufentsprungenen Quell.

Gisbert Freiherr von Vincke

Der Baumeister von St. Alexander, 13. Jhdt.

Der Hexenberg

Auf dem Krandel in der Nähe der Stadt, früher als Viehweide benutzt, befand sich vordem eine große Erhebung, die von einem Wall und Graben umgeben war. Diese Anhöhe wurde „Hexenberg“ genannt, weil dort in alten Zeiten Hexen verbrannt wurden. Als später in der Stadt eine Viehseuche ausbrach, wurde auf dem Hexenberg das verendete Vieh verscharrt. Die Obrigkeit hatte bei dieser Gelegenheit angeordnet, die gefallenen Tiere zu vergraben, ohne sie vorher abzuziehen. Ein Schuhmacher, zugleich Gerber, der früher wohlhabend, aber durch eine verschwenderische Frau heruntergekommen war, ging trotz des Verbotes bei Nachtzeit zum Krandel, grub die verscharrten Kadaver aus und zog ihnen die Haut ab. Die Tat kam zu den Ohren der Stadtbehörden, und der Schuhmacher wurde zum Prangerstehen verurteilt. Der Delinquent tröstete sich damit, daß ihm der Amtmann die Versicherung gegeben hatte, niemand dürfte ihm das Prangerstehen zum Vorwurf machen.

Dat brotlose Stück

Am Düngstruper Wege heißt ein Stück Land „dat brotlose Stück.“ Einst haben dort Leute auf diesem Acker gearbeitet und, als die Frühstückspause gekommen, sich hingesetzt, um zu essen. Da bemerkten sie, daß sie ihren Mundvorrat zu Hause eingepackt, aber mitzunehmen vergessen haben; seitdem wird die Gegend „beim brotlosen Stück“ genannt.

Das Stadtsiegel

Das Stadtsiegel Wildeshausens zeigt die Vorderfront der Alexanderkirche, im Portal den Kopf des hl. Alexander. Dieser Kopf des hl. Alexander fand sich auch am im Jahre 1710 demolierten Huntetor sowie an dem 1802 gefallenen Delmenhorster Tor. Die Sage berichtet nun, im Jahre 1529 habe der Bischof von Münster den Wildeshauser Bürgermeister Likenberg und noch eine zweite Magistratsperson hinrichten lassen. Um das Andenken dieser beiden Patrioten zu ehren, habe die Stadt einen „Totenkopf“ in das Stadtsiegel setzen lassen.

Die feurige Drake

Das früher sehr einsame, von ausgedehnten Heideflächen durchzogene Gebiet von Siedenbögen und Varnhorn bildete naturgemäß ein fruchtbares Feld für Sage und Aberglauben. Hier spukte eine feurige Drake, worunter das Volk sich ein Ungetüm mit großem Kopf, langem Leib und einem in einen dicken Knoten auslaufenden, an Länge einem Bindelbaum gleichkommenden Schweife vorstellte. Während der Drache in der Heldensage ein schlangenartiges Ungeheuer darstellte, (auch die

Bibel stellt ihn mit den Schlangen auf eine Stufe), verstand das Volk den Teufel darunter, der in dem Knoten seines Schweifes Gold und Silber von einer Stelle zu anderen trug. Wo eine Drake erschien, verkündete sie Krieg und Unglück. Wer eine Drake sah, mußte mit Stahl und Eisen darnach werfen, alsdann ließ jene die Schätze fallen. Ein Schäfer in Varnhorn hatte einst mit einem Feuerstahl nach der Drake geworfen, da fiel ihm auf einmal eine Menge Pferdekot vor die Füße, so daß er erschrocken davonlief. Aber es war ihm etwas davon in die Holzschuhe gefallen, und als er sie zu Hause auszog, waren Goldstücke darin. Sogleich eilte er zu der Stelle zurück, aber es war alles verschwunden.
Einst fuhr ein Bauer spät abends einen Pater von Visbek nach Wildeshausen. Hinter Siedenbögen angelangt, sahen sie die Drake vorbeifliegen. Der Pater redete dem Bauer zu, sich nicht zu fürchten, denn die Drake könne ihm nichts tun. Dann befahl er ihr, zu ihnen auf den Wagen zu kommen und fragte sie, was sie sei und wohin sie wolle. „Ich bin der Teufel", war die Antwort, „und will nach Wildeshausen, um einem Schuster, der seine Tochter verheiraten will, die Aussteuer zu bringen." Der Pater fragte jetzt den Bauer, ob er das Geld haben wolle; er könne es auf sein Wort ruhig nehmen und brauche nichts Arges zu befürchten. Allein der Bauer hatte von dem Schrecken genug und meinte, er wolle von dem Teufel lieber nichts annehmen. Da befahl der Pater der Drake, das Geld hinten auf den Wagen zu schütten. Aber der Teufel bat, ihm doch das Geld zu lassen. Er habe es dem Schuster versprochen, und es koste ihn viel Arbeit, Geld zu erhalten, weil er es aus der See suchen müsse, auch habe er nicht mehr die Zeit dazu, weil schon übermorgen Hochzeit sein solle. Und da auch der Bauer das Geld durchaus nicht annehmen wollte, so gab der Pater die Drake mit ihrem Schatz wieder frei.

De Sulpicius–Klock

Ik segg di dat, de Kuhln inne Stökenkampsweide kannste nich toschütten.
Woso nich? Wäre doch lachhaftig.
Ik segg di dat, dar sitt'n Karkenklock inne.
Büst jo ohnweeten.
Ik segg di dat. An Sulpiciusdag kanst er lüern hörn.
Wokeen hett di denn dat ansnackt?
Dat weet ik von mien Grootvadder, un de weet dat von sien Grootvadder und so jümmer wieter trügg.
Un jüst bloot du weest dat uppe ganze wiede Welt?
Dat will ik nich seggt hebben.
Denn so red doch un snack nich jümmer so verdwas daher.

Dat weer doch de rieke Wittfro von, och den Nomen hebb ik vargeeten. Is jo schon bannig lange her, anno 1289 schull dat wäsen sien. De vararvte doch ehr Geld an dat Erzstift to Bremen, aber voerst schull'n Klocken for de Alexanderkarken dorbie över sien. Dorbi kreeg sich dat Stift in Bremen un dat Kapitel von Wilshusen inne Klatten. Schall jo vorkommen biet arven. Nojo, up letzt kreeg de Karken ehr Klocken un dat

Stift sien Geld, ober weiht worn wör de Klocken nich, dat harren de feinen Herrn över dat Geld vargeeten. As se nu an Sulpiciusdoge anno 1293 enlich lüern schull, suste se aff, bums inne Stökenkampsweide. Rutbuddeln kunn man ehr nich. Süh, so ist dat.

Minsch, dat is doch'n Sage!
Dorum segg ik di dat jo.

Spuk in der Wiekau

Um 1800 lebte in Wildeshausen ein Mann mit Namen Schnobel. Er wohnte in dem Weltmannschen Haus, das vor etlichen Jahren an einem Himmelfahrtstag abgebrannt ist. Schnobel hatte einen sehr schlechten Ruf, er war ein Geizhals, ein hartherziger Wucherer, und hatte viele vertrauensselige Leute ruiniert. Als er nun starb, konnte seine Seele keine Ruhe finden, und nachts spukte er in Gestalt eines riesigen Hundes im Hause herum. In ihrer Not wendeten sich die Hausbewohner an den Pastoren, daß er den Spuk besprechen sollte. Und dem gelang es auch, den Spuk zu beschwören und in die Wiekau zu verbannen. Da konnte er denn sein Wesen weiter treiben.
Eines Tages fuhren nun zwei Wildeshauser Bürger mit Pferd und Wagen in die Wiekau, um Holz zu holen. Als die Dämmerung hereinbrach, wurde dem einen gruselig. „Lat us na Hus föhren. Datt spökt hier." – „Och du Bangbüx! Du glovst an Schnobel? Ick nich!" Und er rief in den Wald hinein: „Schnobel, kumm und lücht (leuchte) us!" Und, oh Schreck! Da kam Schnobel im langen, weißen Hemd, in der Hand eine Kerze!
Da rannten die beiden schreckensbleich nach Wildeshausen zurück und ließen Pferd und Wagen im Stich. Am nächsten Morgen trauten sie sich wieder heran. Aber – Schnobel hatte dem Pferd den Hals umgedreht!

Die Walriderske mit dem Halfter

Im Kirchspiel Wildeshausen dienten bei einem Bauern zwei Knechte, welche in einem Bette schliefen. Der Großknecht, welcher vorne schlief, wurde ganz mager, obwohl er sonst gesund war. Da fragte ihn der andere, wie das komme, daß er so mager werde: „Krank bist du doch nicht, du ißt ja so gut wie ich." Der Großknecht antwortete: „Wenn du so müßtest wie ich, so solltest du auch wohl mager werden."
Da ließ der andere Knecht nicht eher nach zu fragen, was es sei, bis der Großknecht sagte: „Wenn wir abends zu Bette liegen komme mir jedesmal eine Walriderske und legt mir einen Halfter an. Dann bin ich gleich in ein Pferd verwandelt, und sie reitet die ganze Nacht auf mir." Da sagte der andere: „Wenn es weiter nichts ist, so will ich mich wohl abends an deine Stelle legen. Wenn sie dann kommt, so will ich wohl mit ihr fertig werden."
Da war der Großknecht zufrieden. Sie sagten aber nichts, damit es die Walriderske nicht erfahre. Als sie nun am Abend zu Bette gingen, legte sich der Großknecht hinten ins Bett und der andere vorn. Der Großknecht, weil er die Nacht vorher geritten

worden war, schlief sogleich ein. Der andere aber schlief nicht, sondern legte sich nur ganz still hin. Als es nun eine Zeitlang gedauert hatte, hörte er etwas kommen, und sowie die Walriderske bei ihm war, wollte sie ihm auch den Halfter über den Kopf werfen. Er aber griff schnell zu, bekam den Halfter zu fassen und warf ihn der Walriderske über den Kopf, und sogleich wurde sie in ein Pferd verwandelt. Er setzte sich darauf, jagte im Galopp zu einem Schmied und ließ das Pferd beschlagen. Darauf ritt er wieder nach Hause, nahm den Halfter ab und ließ die Walriderske gehen.

Als sie nun am anderen Morgen aufstanden, wollte die Frau des Bauern gar nicht aus dem Bette. Als sie zuletzt von dem Bauern mit Gewalt herausgehoben wurde, konnte sie nicht gehen, denn sie hatte Hufeisen an den Füßen. Also war die Frau die Walriderske. Der Bauer konnte garnicht begreifen, wie das mit dem Hufeisen zugegangen sei, bis der Knecht es ihm endlich erzählte. Da mußte der Knecht den Halfter hergeben, der Bauer legte ihn seiner Frau an und zog mit dieser als Pferd zum Schmied, der die Hufeisen wieder entfernen mußte. Den Halfter hat der Bauer aber nicht wieder hergegeben.

Wildeshausen

Auf breitem Anger, links umhegt.
Vom klaren Flusse, schweißt die Herde;
vom Winde, wie die See, bewegt,
Wiegt volle Ähren die Mutter Erde.
Doch aus des Städtchens Schoße ragt
der Zeuge grauer Zeit, der Turm.
Ein Greis, vom Alter angenagt,
doch ohne Wanken noch im Sturm.
Ein Späher, der hier festgebannt,
die Augen sendet durch das weite Land.
Ein Glockenträger mit heiligem Klang,
von fernher ladend zum Kirchengang.
Ein Finger, himmelwärts erhoben,
der Blick und Herzen zieht nach oben. - -
Hier saß der Adler auf der Lauer,
weit spähend aus seinem Horst hervor.
Den Frankenlöwen faßte Schauer,
schwang brausend sich der Aar empor.
Jetzt wuchert wildes Gras, durchfegt,
vom Winde auf der hohen Warte.
Zu meinen Füßen ist ausgelegt
der Gärten und Fluren bunte Karte.
Um friedliche Dächer spielt der Rauch,
gekräuselt von der Lüfte Hauch.

R. A. Mayer, 1808 – 1894
(Aus: „Die Hunte“)

Der Quacksalber

Einem Schäfer in Norddöllen war ein Schaf erkrankt. Er ging nach Wildeshausen, wo damals ein Zauberer oder Quacksalber wohnte, und klagte diesem, daß ihm ein Schaf erkrankt und wahrscheinlich verhext sei. Der Quacksalber gab ihm den Rat, er solle drei Morgen hintereinander vor Sonnenaufgang mit seinem kranken Schaf dreimal um einen Wacholderbusch ziehen; den dritten Morgen solle er aber sich selbst und auch dem Schafe die Augen mit Tüchern verbinden, denn es würde am dritten Morgen etwas vorkommen, was er nicht sehen dürfe. Der Schäfer hatte die beiden ersten Morgen den Rat genau befolgt, und das Schaf war schon besser geworden. Als er nun am dritten Morgen aufstand, bemerkte er, daß es schon spät sei und die Sonne gleich aufgehen werde. Er lief deshalb, so geschwind er konnte, zum Schafstall und nahm das Schaf auf seine Schultern. In der Eile hatte er aber nur ein Tuch gegriffen, um die Augen zu verbinden. Er band es sein Tuch dem Schafe vor die Augen, sich selbst wollte er die Augen mit der Hand verdecken. Und da gerade die Sonne aufgehen wollte, nahm er das Schaf unter den Arm, hielt, so gut er konnte, die Augen mit den Händen zu und fing an zu laufen. Aber da lag ein Stein im Wege, über den fiel er und zerbrach den Arm. Das Schaf aber lief davon und war gesund.

Die Sage vom Glaner Volk

Von Dirk Faß

„In Glane an der Hunte liegen die großen Findlingssteine der Hünengräber. Man glaubte früher, das Hünen (Riesen) sie erbaut hätten. Wer könnte sonst so viel Kraft besitzen, um diese großen schweren Steine zu bewegen, geschweige denn übereinanderzulegen. Die aufgereihten Steine waren nicht etwa, wie in einer Sage beschrieben, die versteinerten Menschen einer Hochzeitsgesellschaft. Sie waren einst das Fundament eines großen Tempels. Rundherum standen die kleinen Hütten der Einwohner ebenfalls auf Fundamenten aus Stein, so wie wir sie von unseren Schafkoben her kennen. Der große Tempel hatte Ähnlichkeit mit einem riesigen langen Schafkoben.

Hier regierte der Fürst des Stammes Glane. Dem Glaner Volk ging es recht gut, denn aus der nahe gelegenen Hunte holten sie manche schmackhaften Fische, die sie mit den Großenknetern im Handel gegen Honig eintauschen konnten. Der Stammesfürst hieß Glanos, ein alter hochgelehrter Mann, der nur selten aus seinem Tempel herauskam. Im hinteren Bereich des Tempels stand der Altar, eine drei Tische große und dikke Steinplatte, auf der Opfer dargebracht wurden. Hinter dieser Platte war eine Kammer aus Feldsteinen in die Erde eingelassen, in der die Verstorbenen des Dorfes beigesetzt wurden. In der Mitte des Tempels war die Feuerstelle. Darin glühte immer ein knorriges Stück Holz. Sie durfte auch niemals ausgehen, sonst würde ein böser Fluch über die Bewohner des Dorfes kommen. So wurde seit jeher prophezeit. Darum mußten Holzträger täglich dafür sorgen, die Glut am Leben zu erhalten.

Über viele Jahrhunderte lebten die Glaner hier, und alles hatte seine Ordnung. In ausgehöhlten Eichenbäumen ruderten die Fischer des Dorfes die Hunte mal flußaufwärts

und mal flußabwärts und legten ihre Netze aus. Eines Tages kamen sie von einem Fang zurück. Drei Kanus waren es, die, vom Barneführer Holz kommend, gegen die Strömung ruderten. Alle kannten die gefährlichen Strudel, die sich in der Kurve bei Husum im Wasser bildeten und so manches Kanu in die Tiefe gerissen hatten. Die Strömung machte den Ruderern zu schaffen, und Amelhusen, der große starke Anführer mit langen blonden Haaren, schrie gegen den Wind: „Rudert, Männer, wir müssen hier durch!"
Die drei Boote aber drehten vor den Stromschnellen zur Seite, und immer wieder versuchten die Männer, die Boote wieder in Fahrtrichtung zu bekommen. Aber es gelang nicht, und zu aller Not setzten auch noch Blitz und Donner ein.
Amelhusen schrie: „Männer, werft einen Teil von unseren Fischen über Bord, damit die Kanus nicht so tief im Wasser liegen."
Wieder nahmen sie alle Kräfte zusammen und stachen mit den Rudern in das brodelnde Wasser. Regen peitschte über die Kanus hinweg und hätte um ein Haar einen Mann ins Wasser gerissen.
Die gefährlichen Strudel waren überwunden, und man ruderte wieder in ruhigeres Gewässer. Amelhusen brüllte seinen Männern übermütig zu: „Männer, wir sind stärker als die Geister der Natur, bei Wotan, sollen sie doch versinken in die ewigen Fluten, wir haben sie besiegt!"
Alle anderen im Boot jubelten und riefen: „Amelhusen, unser Anführer, soll der Fürst von Glane werden!"
Doch kaum hatte sich ihr Freudentaumel beruhigt, da wurde es unheimlich still. Nur das Röcheln und Atmen der Fischerleute war zu hören. Sie schauten empor auf die hohen steilen Ufer. Mit allen Kräften ruderten sie in dem wellenlosen, ruhigen Wasser voran. Amelhusen schaute auf die Ufer zu beiden Seiten und rief aufgeregt: „Männer, wir rudern und rudern, aber wir bewegen uns nicht von der Stelle, die Böschung und die Bäume zu beiden Seiten bleiben immer gleich! Was hat das zu bedeuten?"
„Bei Wotan", Amelhusen ballte die Faust, „ihr verfluchten Geister des Wassers gebt unser Boot frei, sonst lasse ich alle Uferränder in ein Flammenmeer verwandeln!"
„Nein, nein", rief ein alter Fischer im letzten Boot, „lege dich nicht mit den Naturgeistern an, sie werden sich rächen!"
Die Kanus kamen wieder frei und bewegten sich schon ein ganzes Stück weiter. Wieder rief Amelhusen: „Seht ihr, diese Feiglinge habe ich besiegt" , und er rief übermütig in die Nacht: „Ich bin der Größte!"
Plötzlich, hinter einer Kurve kurz vor Westrittrum, ruderten sie ganz langsam durch dichten Nebel, man konnte die Hand nicht mehr vor Augen sehen, man wußte nicht mehr, wo das Ufer und wo die Flußrichtung war. Es herrschte eine unheimliche Stille. In dem Nebel um die Boote herum tanzten helle und dunkelrote Lichter. Ein feuerrotes Licht umkreiste Amelhusen. Der stand gerade im Boot und schlug fluchend mit dem Ruder in das rote Licht.
Plötzlich war der ganze Spuk wieder vorbei, und die Kanus bewegten sich sicher auf das heimatliche Ufer zu. Alle in den Booten sahen auf Amelhusen und riefen erschrocken: „Seht nur, was mit ihm passiert ist!"
Der Hintermann von Amelhusen klopfte auf seine Schulter, aber der drehte sich

nicht um. Amelhusen glitzerte am ganzen Körper. Punkte in allen Farben leuchteten an ihm vom Haar bis zum Fuß. Wortlos verließ er das Kanu, stieg die Böschung hinauf, kümmerte sich nicht mehr um sein Boot und den Fischfang und lief wie betäubt in sein Dorf Glane.

Amelhusenb steuerte geradewegs auf das heilige lange Tempelhaus zu und ging wortlos an der Wache vorbei hinein. Glanos, der Führer, erkannte ihn, kreuzte aber sofort vor sich die Beinknochen eines Rindes und eines Hirsches und rief: „Geh von hier, du böser Zauber!" Doch Amelhusen reagierte nicht und trampelte wild das heilige Feuer aus, so daß es in der langgestreckten Halle stockfinster wurde. Fürst Glanos sah den unheimlichen bunten Glitzer an seinem Körper. Amelhusen näherte sich bedrohlich, da bewarf Glanos ihn mit der Asche von Eidechsen und Hirschkäfern und rief einen unaussprechlichen Satz. Amelhusen drehte sich schlagartig um und wurde im Dorf und in der weiten Heide nie mehr gesehen.

Der Rat der Ältesten versammelte sich mehrere Tage in dem großen Tempel, und sie versuchten mit Schwur und Tanz das Feuer wieder zu entfachen und die Geister zu besänftigen. Dann sagte Glanos: „Unser Dorf wird verloren gehen, mein einziger Nachfolger, der meinen Platz als Stammesfürst hätte einnehmen könnten, wurde von den Geistern verstoßen! Sagt mir, wer mein Nachfolger werden soll?"

Sie schauten alle wortlos in die Runde. Nachdem die sieben Alten ihren Honigwein geschlürft hatten, sagte Glanos: „Lasset Boten ausschicken zum Stamme der Hageler. Oben am Hageler Bach liegt dieses kleine Dorf, dessen Stammesvater zwei Söhne hat, fragt, ob einer bereit wäre, unser Volk zu regieren und unser Stammesfürst zu werden."

Nach gut zehn Tagen kamen zwei Krieger und zwei der Ältesten wieder zurück in das Dorf und brachten nicht nur eine gute Nachricht mit, sondern auch gleich einen der Söhne, der sich nun auf das hohe Amt vorbereiten sollte. Dieser war ein mittelgroßer schlanker Fürstensohn mit roten Haaren und einem Stoppelbart. Glanos stellte sich mit ihm vor den Tempel und sagte zu seinem Volk, das sich dicht um den Tempel versammelt hatte: „Lage vom Stamme der Hageler soll nach meinem Tod mein Nachfolger werden, ich habe ihn auserwählt, da Amelhusen von den Geistern verstoßen wurde! Ich werde Lage nun einer harten und schweren Prüfung unterziehen, damit er ein gerechter und guter Stammesfürst wird."

Lage grinste angeberisch und hatte längst seine Augen auf die schöne Spasche geworfen, die nur wenige Meter von ihm entfernt stand.

Die erste Aufgabe, die Fürst Glanos ihm stellte, war, daß sich Lage nach Bethen zu begeben habe, um dort von der heiligen Quelle einen Krug Wasser zu holen. Lage nahm diese Aufforderung eher lässig hin und verließ das Dorf. Doch gleich hinter Gut Moorbek suchte er eine einsame Moorhütte auf und machte es sich dort gemütlich. Lage lachte vor sich hin und sagte zu sich: „Ich laufe doch für diesen alten Narren nicht ganz nach Bethen, dem bringe ich übermorgen einen Krug Wasser vom Hageler Bach, das kann er genausogut saufen!"

In dieser Nacht merkte Lage, daß er in der Hütte von jemandem beobachtet wurde; er konnte niemanden sehen, aber glaubte vor dem Hause eine glitzernde Gestalt wahrgenommen zu haben. Aber das störte ihn wenig, er träumte davon, Stammesfürst von Glane zu werden und die wunderschöne Spasche als Frau zu nehmen.

Im Dorf war große Aufregung, hatte Lage doch in der kurzen Zeit seine Aufgabe erfüllt. Lage brachte seinen Krug voll Wasser in den Tempel, stellte ihn ganz lässig auf den Altar und sagte eher gelangweilt: „Gibt es noch eine Aufgabe, mein großer Glanos?"
Glanos bekam Tränen in die Augen und sagte: „Gut, als nächstes hole mir schwarze fette Tonerde vom Ziegelhof in Huntlosen, diese brauche ich, um meinen besonderen Krafttrunk vorzubereiten!"
„Nichts lieber als das," grinste Lage und machte sich wiederum auf den Weg. Er wanderte nach Moorbek und suchte dort wieder sein Versteck auf. Da sagte er: „Dieser alte Narr von Oberdruide, ich laufe doch nicht ganz nach Huntlosen wegen dieser schwarzen Pampe, die hole ich mir unten vom Hageler Bach."
Auch in dieser Nacht meinte er eine glitzernde Gestalt am Hüttenfenster gesehen zu haben.
Am übernächsten Morgen ging er an den Hageler Bach, schaufelte aus dem matschigen Untergrund feste schwarze Erde in einen Beutel und kehrte damit fröhlich in das Dorf zurück. Vor dem Altar übergab er Glanos die Erde. Diesem standen die Tränen in den Augen, doch er zeigte sich hart, weitete die Arme zum Segen aus und sagte: „Hole mir einen roten Flintstein von besonderer Energie vom Pestruper Gräberfeld!"
Lage drehte sich locker um und sagte: „Na, wenn sonst nichts ist, hole ich dir auch noch diesen Stein!"
Die Dorfbewohner glaubten, daß Lage seine Aufgabe wohl bald gelöst haben werde, und sie verbeugten sich schon einmal vor ihm, als er das Dorf verließ.
Wieder fand er seinen Weg zu der Hütte, dachte an Spasche und sagte ganz laut vor der Moorhütte: „Dieser alte verkalkte Narr, wegen so einem blöden roten Stein laufe ich doch nicht ganz zum Pestruper Gräberfeld, im Hageler Bach liegen doch genug davon!"
Wieder legte er sich auf die faule Haut, schlief ein und bemerkte nicht einmal, wie die Gestalt von Amelhusen in die Hütte kam. Dieser legte einen roten, länglichen, faustgroßen Stein neben seine Liege und verschwand ganz schnell. Am Morgen wachte Lage zufrieden auf und wollte zum Hageler Bach, um sich einen Stein zu holen, aber da rief er freudig: „Na so etwas, welch ein Zufall, da liegt ja schon so ein Stein neben meinem Bett, gerade wie ich ihn brauche!"
Diesmal ließ er sich viel Zeit und bummelte langsam nach Glane zurück, denn schließlich wäre es zum Pestruper Gräberfeld sehr weit gewesen. Als er im Dorf ankam, wunderten sich die Leute, daß er schon da war, und er gab patzig zur Antwort: „Ich kenne eben eine Abkürzung!"
Doch da kam ihm auch die wunderschöne Spasche über den Weg. Er hielt sie am Arm fest, so daß es ihr weh tat, und rief ihr freudig zu: „Bald bist du mein, siehe diesen wertvollen Stein, damit werde ich bald euer Stammesfürst sein!"
Spasche erkannte den schmalen, langen, roten Stein, es war der Wetzstein, an dem ihr geliebter Amelhusen immer seine Fischmesser geschärft hatte. Nun wußte sie, daß er am Leben war. Sie wendete sich von Lage ab, durch seine durchdringende Kälte spürte sie, daß kein guter Geist in ihm herrschte.
Wieder marschierte er guter Laune in den Tempel, warf von weitem den roten Stein

Am Hunteufer bei Wildeshausen

auf den Altartisch und prahlte: „So, Alter, hast du noch was für mich? Das wird mir aber langsam langweilig, dir diesen Krimskrams von allen Seiten herbeizuholen!"
Der alte Fürst Glanos stand mit dem Rücken zu Lage vor dem Altar und drehte sich nicht einmal um. Der Rat der sieben Weisen hatte im Tempel Platz genommen und wartete auf die Worte des Glanos, der leise ein Gebet flüsterte. Es war still in der langen Halle des Tempels. Lage stand da mit verschränkten Armen und sagte lässig: „Nun, geht das jetzt los, dankst du jetzt ab, kann ich jetzt endlich deinen Platz einnehmen?"
Eigentlich war es von den Ältesten auch so gedacht, aber da packte Glanos der Zorn. Barfuß schritt er vom Altar geradewegs am Rat der Sieben vorbei und trampelte das Feuer aus. Dann zeigte er mit dem rechten Finger auf Lage und rief mit bebender Stimme: „Besorge uns eine neue Flamme von der Fackel der Ahlhorner Kellersteine! Das wird deine letzte Aufgabe sein, dann werden wir dich zum Fürsten erheben!"
Lage machte eine lockere Handbewegung und sagte: „Wenn es nicht mehr ist! Also dann bis später, bereitet mir schon mal das Fest vor, und wenn ihr dann schon dabei seid, dann holt die schöne Spasche in den Tempel, denn ich werde sie mir zur Frau nehmen!"
Lage machte sich zuerst auf den Weg zur Moorhütte hinter Gut Moorbek und überlegte, wo er hier ganz in der Nähe zu einem Feuer kommen könnte. Dafür wollte er doch nicht ganz zu den Ahlhorner Kellersteinen laufen, welch ein Unfug. Er saß vor der Hütte, kaute auf einem Strohhalm und sagte sich: „Nützt ja nix, ich muß bei einem Bauern in der Nähe etwas Holzglut aus dem Herdfeuer erbitten."
In seiner Gier, die Macht zu erlangen, hatte er nicht bemerkt, daß Spasche ihm zur Hütte gefolgt war. Sie ahnte, hier mußte irgendwo ihr verlorener Amelhusen sein. Als Lage sich aufmachte, um schnell ein Feuer zu holen, fand sie hinter dem Haus ihren völlig entkräfteten Amelhusen. Aber er schien sie nicht zu erkennen. Spasche zog einen Krug aus ihrem Bündel und hielt Amelhusen an die Lippen. Langsam nahm er einen Schluck nach dem anderen, und sie sagte leise: „Trink, das hat mir Fürst Glanos mitgegeben, es soll neben einigen geheimnisvollen Kräutern auch das Wasser vom Hageler Bach, etwas Tonerde aus dem Bachlauf und etwas Steinmehl von deinem roten Wetzstein darin sein. Trink, damit der Fluch, der auf dir liegt, endlich genommen wird!"
Spasche nahm Amelhusen an die Hand und führte ihn Richtung Glane, doch sie merkte, dass er noch nicht erlöst und sein Kopf noch immer von den Geistern gefangen war. Sie kamen dem Dorf immer näher, doch Amelhusen blieb, wie sie ihn gefunden hatte. Verzweifelt barch Spasche in Tränen aus. Wie sollte er dem Lage gegenübertreten? Wenn Lage nun mit dem Feuer käme, würde er Amelhusen doch für immer verjagen, und sie müßte Lage zum Mann nehmen.
In der Zwischenzeit kam Lage auf den Hof von Hermann zu Moorbeke auf die Diele und sagte zu dem Bauern: „Möchte untertänigst um Erlaubnis bitten, etwas Glut von eurem Herdfeuer entnehmen zu dürfen!"
Hermann zu Moorbeke schüttelte den Kopf und sagte: „Pech, mein Lieber, unser Herdfeuer ist gerade ausgegangen!"
Lage verlor nicht seine gute Laune und machte sich wieder auf den Weg. Da kam er

auf den Hof von Diers bei Westrittrum und rief in die Diele: „Bitte um Entschuldigung, aber mein Herdfeuer ist ausgegangen, darf ich etwas Glut haben?“
Heinrich Diers aber sagte: „Tut mir leid, junger Mann, aber uns ist heute nacht plötzlich das Herdfeuer ausgegangen!“
Zur selben Zeit war Spasche mit Amelhusen fast am Dorfrand angekommen. Sie dachte, vielleicht müsse er noch mehr aus dem Krug trinken, damit er wieder wie früher werde, aber der Krug war leer. Vor Verzweiflung schlug sie den Tonkrug an einer Eiche kaputt, so daß es gewaltig schepperte. Amelhusen fiel ihr vor Schreck in die Arme. Sie schaute in sein Gesicht, das aber keine Reaktion zeigte. Sein Mund lag versteckt unter dem buschigen Vollbart, und Spasche durchbrach ihren Schwur, ihren Zukünftigen vor der Eheschließung nicht zu küssen. Nach einem langen Kuß wurden Amelhusens trübe Augen langsam kristallklar, und er fragte: „Spasche, was ist passiert?“ Mit Freudentränen führte sie ihn in das Dorf, und unterwegs erzählte sie alles von ihm und dem Anwärter, dem hinterlistigen Lage.
Der war unterwegs nach Husum und kam auf den Hof von Naber. Vor der Dielentür stand Frau Naber, und Lage fragte: „Guten Tag, mir ist das Feuer ausgegangen, darf ich um etwas Glut bitten?“
Frau Naber schüttelte den Kopf und sagte: „Ist nicht möglich, unser Herdfeuer ist uns heute nacht ausgegangen!“
Lage verlor langsam die Geduld, aber er dachte nur an die Macht und daran, daß er seinen Bruder überrumpeln wollte, um auch seinen Stamm auf dem Hagel zu übernehmen. Darum lief er weiter zum Gut Huntlosen und fragte dort Heinrich von Schade: „Gnädiger Herr, komme von weit her, mein Herdfeuer ist mir ausgegangen, gebt mir etwas von eurer Glut!“
Doch Heinrich von Schade entschuldigte sich mehrmals und sagte: „Oh, ich würde dir gerne von dem Segen des Feuers geben, aber heute Nacht ist es leider ausgegangen! Doch komme herein und stärke dich, wir wollen nicht geizig sein!“
In der Zwischenzeit war die schöne Spasche mit Amelhusen vor den Tempel getreten, und Glanos schaute zufrieden auf die beiden abgekämpften Gesichter. Er winkte sie in die Tempelhalle, und als Amelhusen sich dem erloschenen Herdfeuer näherte, entfachten sich sofort die Flammen und erhellten den großen Tempelraum. Die sieben weisen Räte sahen dieses Wunder, und Glanos übergab Amelhusen seine geheimnisvolle lange Halskette, den Dolch der Weisen und sein dickes Buch, dessen Seiten aus dünnen Holzscheiben bestanden und in dem geschrieben stand, wie Mensch und Tier mit den Geistern der Natur in Harmonie zusammen leben. Mit diesen drei Gaben stellte sich Amelhusen vor die Tempeltür, und das Volk jubelte ihm fröhlich zu.
Nur kurz sprach er zu ihnen: „Mein Volk, ich habe einen großen Fehler gemacht und die Geister der Natur und unseren gemeinsamen Gott in meinem Übermut beleidigt, nie wieder werde ich solches tun. Meine zukünftige liebe Spasche hat mich errettet, dafür will ich euch ein immer guter und gerechter Fürst sein!“
Nach diesen Worten gab es auf dem Glane ein riesengroßes Fest mit allem was dazu gehörte. Spasche und Amelhusen aber schlichen sich für eine Nacht heimlich fort, in die kleine Moorhütte, wo sie ihn gefunden hatte.
Amelhusen regierte viele Jahre als gerechter, guter Fürst von Glane. Die Nach-

kommen von Amelhusen und Spasche gründeten übrigens den Ort Amelhausen und in Wildeshausen den Ortsteil Spasche.
Noch heute könnt ihr die Fundamentsteine des großen Tempelbaues in der Glaner Heide bewundern. Aber wenn da einer kommt, der euch um Feuer bittet, dann gebt ihm lieber keines, denn es könnte der habgierige Lage sein, der immer noch unterwegs ist und glaubt, mit der Glut das Feuer im Tempel zu entfachen, die schöne Spasche zur Frau zu nehmen und dann zum Fürst von Glane ernannt zu werden.

Quellenverzeichnis

Neues Dötlinger Dorfbuch, H. Poppe, H. Wichmann, 1998
Die Truhe, Elisabeth Reinke, 1922
Strakerjan /Willoh Bd. 2 und Bd. 2
Aberglauben und Sagen aus dem Herzogtum Oldenburg, L. Strakerjan, 1876
Heimatblätter, Oldenburgische Volkszeitung, H. Evers, Dez. 1970
1100 Jahre Gemeinde Ganderkesee, Gemeinde Ganderkesee, 1960
Hermann Lübbing, Oldenburgische Sagen, 1968
Nordwest–Heimat, A. Nebermann, Dez. 1954
Nachrichten von Stadt und Land, G. Bövers, 1929
750 Jahre Sandhatten, Adolf Oltmann, 1990
Festschrift, 1100 Jahre Sage, 1972
Sagen, Erzählungen, Gedichte, Heimatverein Visbek, 1987
Volkstum und Landschaft, Heimatbeilage der Münsterländer Tageszeitung, Norbert Wagner, Jan. 1953
Sagen und Geschichten aus dem Kreise Grafschaft Hoya, H. Keese, 1970
Heil Dir, o Oldenburg, Aufsätze und Gedichte, Emil Pleitner, 1900
Historische Erzählung von F. Strahlmann, Verfemte Heimat, 1950
Nordwest–Heimat, R. Tjaden, April 1969
Aus der Oldenburger Heimat, Sonderbeilage der Nachrichten für Stadt und Land, Dez. 1934
Die Hunte, Zeitung um Wildeshausen, 1886
Der Schäfer Karlrucksack erzählt, Bd. 1 u. Bd. 2, Dirk Faß, 1999/2000
Irrlichter an den 12 Apostelsteinen, H. Speckmann, Ganderkesee